Jörg Polster

Die Suche nach dem Sündenbock: Soziale Normen, Mobbing, Liebe und ihre Auswirkungen

Jörg Polster

Die Suche nach dem Sündenbock: Soziale Normen, Mobbing, Liebe und ihre Auswirkungen

Analyse unserer ständigen Suche nach dem Sündenbock und der Schuldzuweisung im Allgemeinen und von Mobbing und der Kraft der Liebe im Besonderen

Bibliografische Information der Deutschen
Nationalbibliothek: Die Deutsche Nationalbibliothek
verzeichnet diese Publikation in der Deutschen
Nationalbibliografie; detaillierte bibliografische Daten
sind im Internet über dnb.dnb.de abrufbar

Verlag:

BoD · Books on Demand GmbH, Überseering 33,
22297 Hamburg, bod@bod.de

Druck:

Libri Plureos GmbH, Friedensallee 273,
22763 Hamburg

ISBN: 978-3-8192-9575-1

Inhaltsverzeichnis

Kapitel 1: Einführung in die Schuldzuweisung

Die Bedeutung von Sündenböcken

Die Suche nach Sündenböcken ist schon immer ein Phänomen in der menschlichen Gesellschaft, das sowohl individuelle als auch kollektive Dimensionen aufweist. Sündenböcke dienen oft als Projektionsfläche für die Ängste, Unsicherheiten und Probleme, mit denen wir konfrontiert sind. Diese Mechanismen sind in verschiedenen sozialen Kontexten zu beobachten, von zwischenmenschlichen Beziehungen über Arbeitsumgebungen bis hin zu politischen Diskursen. Die Bedeutung von Sündenböcken liegt darin, dass sie es den Menschen ermöglichen, Verantwortung von sich zu schieben und ihre eigenen Schwächen zu verleugnen, was zu einer verzerrten Wahrnehmung der Realität führt.

Psychologisch gesehen spielt die Schuldzuweisung eine zentrale Rolle in der menschlichen Interaktion. Menschen neigen dazu, andere für ihre eigenen Misserfolge verantwortlich zu machen, um ein negatives Selbstbild zu vermeiden. Diese Tendenz ist eng mit dem Bedürfnis verbunden, soziale Normen aufrechtzuerhalten, die oft vorsehen, dass Individuen für ihr Verhalten zur Rechenschaft gezogen werden. In diesem Kontext wird die Schuldzuweisung zu einem Mittel, um das eigene Ansehen zu schützen und soziale Akzeptanz zu bewahren. Diese Dynamik verstärkt sich durch kulturelle Unterschiede, die beeinflussen, wie Schuld und Verantwortung in verschiedenen Gesellschaften wahrgenommen und gehandhabt werden.

In zwischenmenschlichen Beziehungen kann die Suche nach Sündenböcken zu erheblichen Spannungen führen. Anstatt Konflikte offen zu kommunizieren und Lösungen zu finden, ziehen es viele vor, einen anderen für ihre Probleme verantwortlich zu machen. Dies kann zu einem Teufelskreis von Missverständnissen und Ressentiments führen, der die Beziehungen belasten und langfristig schädigen kann. Die Auswirkungen dieser Schuldzuweisung sind nicht nur emotional, sondern auch psychologisch, da sie das Selbstbewusstsein der Beteiligten beeinträchtigen kann. Menschen, die regelmäßig in die Rolle des Sündenbocks gedrängt werden, können ein vermindertes Selbstwertgefühl entwickeln.

In der Arbeitswelt ist das Phänomen der Schuldzuweisung besonders ausgeprägt. Hier wird oft der Druck, Leistung zu erbringen, durch das Abwälzen von Verantwortung gemildert. Mitarbeiter, die sich in einem Wettbewerbsumfeld befinden, tendieren dazu, Kollegen für Misserfolge verantwortlich zu machen, anstatt eine Kultur der Zusammenarbeit zu fördern. Diese Verhaltensweisen können zu einem toxischen Arbeitsumfeld führen, in dem Angst und Misstrauen vorherrschen. Langfristig kann dies nicht nur die Produktivität, sondern auch die Mitarbeiterzufriedenheit und die gesamte Unternehmenskultur beeinträchtigen.

Schließlich zeigt sich, dass die Verbindung zwischen Angst und Schuldzuweisung in vielen gesellschaftlichen Bereichen evident ist. In politischen und medialen Kontexten wird oft ein Sündenbock geschaffen, um von eigenen Mängeln oder Fehlern abzulenken. Diese Taktiken können kurzfristig erfolgreich sein, aber sie führen langfristig zu einer Spaltung der Gesellschaft und einem Verlust des Vertrauens in Institutionen. Um diesen Kreislauf zu durchbrechen, ist es entscheidend, Strategien zu entwickeln, die Schuldzuweisungsverhalten hinterfragen und auf konstruktive Problemlösungen abzielen. Die Auseinandersetzung mit den Mechanismen der Schuldzuweisung ist somit nicht nur eine Frage der individuellen Reflexion, sondern auch eine gesellschaftliche Notwendigkeit.

Historischer Kontext der Schuldzuweisung

Die Schuldzuweisung hat in der Geschichte der Menschheit eine zentrale Rolle gespielt. Sie ist oft eine Reaktion auf Angst und Unsicherheit, die in verschiedenen historischen Kontexten auftraten. In Zeiten von Krisen, sei es Krieg, wirtschaftliche Not oder gesellschaftliche Umwälzungen, neigen Menschen dazu, Schuldige zu suchen, um ihre eigene Angst zu lindern und ein Gefühl von Kontrolle zurückzugewinnen. Historisch gesehen wurden Sündenböcke häufig aus marginalisierten Gruppen rekrutiert, um die soziale Ordnung aufrechtzuerhalten und das Gemeinschaftsgefühl zu stärken. Diese Dynamik zeigt, wie tief verwurzelt die Tendenz ist, andere für das eigene Unglück verantwortlich zu machen.

Die Rolle von sozialen Normen ist dabei entscheidend. In vielen Kulturen gibt es unausgesprochene Regeln darüber, wer als schuldig angesehen werden kann.

Diese Normen variieren je nach Gesellschaft und Zeit, sind jedoch oft so stark, dass sie das Verhalten der Menschen prägen. In bestimmten historischen Kontexten, wie während der Hexenverfolgungen oder in totalitären Regimen, wurde die Schuldzuweisung sogar institutionalisiert, um von den eigentlichen gesellschaftlichen Missständen abzulenken. Dieser Mechanismus der Schuldzuweisung dient nicht nur der individuellen Entlastung, sondern auch der Aufrechterhaltung der sozialen Hierarchien und der Machtstrukturen.

Ein weiterer Aspekt ist die zwischenmenschliche Dynamik, die sich aus Schuldzuweisungen ergibt. In Beziehungen kann die Suche nach einem Sündenbock zu einem Teufelskreis führen, in dem Verantwortung nicht übernommen wird und Konflikte sich verfestigen. Anstatt Lösungen zu finden, konzentrieren sich die Beteiligten darauf, einander die Schuld zuzuschieben. Diese Dynamik kann nicht nur das Vertrauen untergraben, sondern auch das Selbstbewusstsein der Beteiligten erheblich beeinträchtigen. Die ständige Schuldzuweisung kann zu einem geringen Selbstwertgefühl und einem Gefühl der Ohnmacht führen, was die Interaktionen weiter kompliziert.

Kulturelle Unterschiede spielen ebenfalls eine bedeutende Rolle in der Art und Weise, wie Schuld und Verantwortung wahrgenommen werden. In kollektivistischen Kulturen wird oft mehr Wert auf Gruppenverantwortung gelegt, während individualistische Kulturen dazu tendieren, persönliche Fehler hervorzuheben. Diese Unterschiede beeinflussen nicht nur die sozialen Normen, sondern auch die psychologischen Mechanismen, die hinter der Schuldzuweisung stehen. In einigen Kulturen kann die Suche nach einem Sündenbock als Zeichen von Schwäche angesehen werden, während sie in anderen als notwendige Maßnahme betrachtet wird, um die Gemeinschaft zu schützen.

Die Auswirkungen der Schuldzuweisung sind in verschiedensten Lebensbereichen spürbar, sei es im Berufsleben, in der Politik oder im täglichen Umgang miteinander. In der Arbeitswelt kann eine Kultur der Schuldzuweisung zu einem toxischen Arbeitsumfeld führen, in dem Mitarbeitende Angst haben, Fehler zuzugeben, was Innovation und Zusammenarbeit behindert. In der Politik und Medienberichterstattung wird die Schuldzuweisung oft strategisch eingesetzt, um von eigenen Mängeln abzulenken oder die öffentliche Meinung zu lenken. Es ist von entscheidender Bedeutung, Strategien zu entwickeln, um Schuldzuweisungsverhalten zu überwinden und stattdessen eine Kultur der Verantwortung und des Verständnisses zu fördern.

Kapitel 2: Warum suchen wir die Schuld immer bei anderen Personen

Psychologische Grundlagen der Schuldzuweisung

Die Schuldzuweisung ist ein tief verwurzelter psychologischer Mechanismus, der in vielen sozialen Interaktionen eine zentrale Rolle spielt. Menschen neigen dazu, die Verantwortung für negative Ereignisse oder Misserfolge auf andere zu schieben, anstatt sich mit den eigenen Fehlern und Unzulänglichkeiten auseinanderzusetzen. Diese Tendenz beruht auf verschiedenen psychologischen Faktoren, wie dem Bedürfnis nach Selbstschutz und der Aufrechterhaltung eines positiven Selbstbildes. Indem wir anderen die Schuld zuschreiben, können wir unser eigenes Selbstwertgefühl schützen und die kognitive Dissonanz verringern, die entsteht, wenn unser Verhalten nicht mit unseren Werten übereinstimmt.

Soziale Normen spielen eine entscheidende Rolle in der Schuldzuweisung. In vielen Kulturen wird erwartet, dass Individuen Verantwortung für ihre Handlungen übernehmen, doch gleichzeitig gibt es auch gesellschaftliche Strukturen, die eine Schuldzuweisung an andere fördern. Diese sozialen Normen können dazu führen, dass Gruppen oder Gemeinschaften einen Sündenbock suchen, um von eigenen Mängeln oder Konflikten abzulenken. Die Dynamik der Schuldzuweisung wird somit nicht nur durch individuelle psychologische Faktoren, sondern auch durch kollektive Überzeugungen und Erwartungen innerhalb einer sozialen Gruppe beeinflusst.

In zwischenmenschlichen Beziehungen kann die Schuldzuweisung erhebliche Auswirkungen haben. Sie kann zu Konflikten und Missverständnissen führen, die das Vertrauen zwischen den Beteiligten untergraben. Wenn Menschen in einer Beziehung dazu neigen, sich gegenseitig die Schuld zuzuschreiben, kann dies die Kommunikation belasten und die Fähigkeit zur Konfliktlösung beeinträchtigen. Zudem kann die Schuldzuweisung dazu führen, dass

Verantwortlichkeiten nicht klar erkannt und akzeptiert werden, was langfristig die Beziehung schädigen kann. Ein offener Dialog über Fehler und Verantwortlichkeiten ist entscheidend, um gesunde zwischenmenschliche Beziehungen aufrechtzuerhalten.

Kulturelle Unterschiede beeinflussen ebenfalls, wie Schuldzuweisung wahrgenommen und praktiziert wird. In individualistischen Kulturen wird oft ein stärkerer Fokus auf persönliche Verantwortung gelegt, während in kollektivistischen Kulturen die Gruppendynamik und die Auswirkungen auf die Gemeinschaft betont werden. Diese Unterschiede können die Art und Weise prägen, wie Menschen Schuld empfinden und ausdrücken. Zudem kann die Schuldzuweisung zwischen Kulturen variieren, je nachdem, welche sozialen Normen und Werte in der jeweiligen Gesellschaft herrschen. Das Verständnis dieser kulturellen Unterschiede ist entscheidend, um Missverständnisse und Konflikte zu vermeiden.

Die Auswirkungen der Schuldzuweisung auf das Selbstbewusstsein sind komplex. Während die Schuldzuweisung kurzfristig den eigenen Selbstwert scheinbar schützt, kann sie langfristig zu einem verringerten Selbstwertgefühl und inneren Konflikten führen. Menschen, die häufig anderen die Schuld zuschreiben, riskieren, eigene Schwächen und Fehler nicht zu akzeptieren und somit an persönlichem Wachstum und Entwicklung zu hindern. Die Auseinandersetzung mit eigenen Fehlentscheidungen und die Übernahme von Verantwortung sind essenzielle Schritte, um ein gesundes Selbstbewusstsein zu fördern und konstruktive Beziehungen zu anderen Menschen zu entwickeln.

Kognitive Dissonanz und ihre Auswirkungen

Kognitive Dissonanz beschreibt den psychologischen Zustand, der entsteht, wenn eine Person mit widersprüchlichen Überzeugungen, Werten oder Verhaltensweisen konfrontiert wird. Dieser Zustand führt oft zu einem inneren Konflikt, der das Bedürfnis nach Harmonie und Konsistenz in den eigenen Gedanken und Handlungen stört. In Bezug auf Schuldzuweisung ist es wichtig zu verstehen, dass Menschen häufig versuchen, kognitive Dissonanz zu reduzieren, indem sie die Verantwortung für ihre Fehler oder Misserfolge auf andere abwälzen. Dies geschieht oft unbewusst und dient als

Abwehrmechanismus, um das eigene Selbstbild zu schützen und unangenehme Emotionen zu vermeiden.

Die Auswirkungen kognitiver Dissonanz sind weitreichend und beeinflussen nicht nur die individuelle Psychologie, sondern auch zwischenmenschliche Beziehungen. Wenn Menschen beispielsweise in einer Situation scheitern, können sie dazu neigen, die Schuld auf Kollegen, Vorgesetzte oder externe Umstände zu schieben, anstatt sich mit ihren eigenen Fehlern auseinanderzusetzen. Diese Schuldzuweisung kann die Beziehungen zu anderen Personen belasten und ein feindliches Umfeld schaffen, in dem Vertrauen und Kooperation leiden. Insbesondere in Arbeitsumgebungen kann dies zu einem Teufelskreis führen, in dem Teamdynamiken und die allgemeine Produktivität beeinträchtigt werden.

Soziale Normen spielen eine entscheidende Rolle bei der Entstehung und Aufrechterhaltung von Schuldzuweisungsverhalten. In vielen Kulturen gibt es unausgesprochene Regeln darüber, wie Verantwortung verteilt werden sollte. Wenn die Gesellschaft tendenziell eine Kultur der Schuldzuweisung fördert, können Individuen dazu ermutigt werden, Fehler bei anderen zu suchen, anstatt Verantwortung für ihr eigenes Verhalten zu übernehmen. Diese Normen können auch von den Medien verstärkt werden, die oft dazu neigen, die Schuld für gesellschaftliche Probleme bestimmten Gruppen oder Einzelpersonen zuzuschreiben. Solche Darstellungen tragen zur Stigmatisierung bei und verhindern eine objektive Auseinandersetzung mit den zugrunde liegenden Ursachen von Konflikten.

Kulturelle Unterschiede beeinflussen ebenfalls, wie Schuldzuweisung wahrgenommen und praktiziert wird. In kollektivistischen Kulturen wird oft ein stärkerer Druck auf den Einzelnen ausgeübt, um das Ansehen der Gruppe zu wahren, was zu einer verstärkten Schuldzuweisung innerhalb der Gruppe führen kann. In individualistischen Kulturen hingegen könnte die Neigung bestehen, Schuld eher auf persönliche Fehler zurückzuführen. Diese kulturellen Unterschiede können zu Missverständnissen und Spannungen führen, insbesondere in multikulturellen Kontexten, in denen verschiedene Normen aufeinanderprallen.

Die Überwindung von Schuldzuweisungsverhalten erfordert ein Bewusstsein für die eigenen Denkmuster und eine aktive Auseinandersetzung mit den eigenen Fehlern und Schwächen. Strategien wie Selbstreflexion, Empathie und die Förderung einer Kultur, die Verantwortung und Fehlerakzeptanz schätzt, können helfen, die negativen Auswirkungen von Schuldzuweisung zu minimieren. Indem Individuen und Gruppen lernen, sich gegenseitig zu unterstützen und eine offenere Kommunikation zu fördern, können sie kognitive Dissonanz abbauen und gesündere, konstruktivere Beziehungen aufbauen.

Kapitel 3: Psychologische Mechanismen der Schuldzuweisung

Projektion als Verteidigungsmechanismus

Projektion ist ein psychologischer Abwehrmechanismus, der häufig in zwischenmenschlichen Beziehungen und sozialen Interaktionen auftritt. Bei der Projektion werden eigene unerwünschte Gefühle, Gedanken oder Eigenschaften auf andere Personen übertragen. Dies geschieht oft unbewusst und dient dazu, das eigene Selbstbild zu schützen. Anstatt sich mit den eigenen Schwächen oder

Fehlern auseinanderzusetzen, schieben Menschen die Verantwortung für ihre negativen Emotionen auf andere. Dieser Mechanismus ist besonders relevant, wenn es um Schuldzuweisungen geht, da er es den Individuen ermöglicht, sich von der eigenen Schuld zu distanzieren.

Ein zentrales Element der Projektion ist die Angst vor der eigenen Unzulänglichkeit. Wenn Menschen mit Misserfolgen oder unangenehmen Gefühlen konfrontiert werden, neigen sie dazu, diese auf andere zu projizieren, um ihre eigene Unsicherheit zu mildern. In sozialen Normen verankerte Schuldzuweisungen verstärken diesen Mechanismus, da die Gesellschaft oft klare Erwartungen an individuelles Verhalten hat. Wenn diese Erwartungen nicht erfüllt werden, suchen Menschen schnell nach Sündenböcken, um ihre eigene Position zu legitimieren und die Schuld von sich abzuwenden.

In der Arbeitswelt zeigt sich die Projektion in Teamdynamiken und Führungsstilen. Mitarbeiter, die sich mit Druck oder Stress konfrontiert sehen, können ihre Frustration auf Kollegen oder Vorgesetzte projizieren. Dies führt nicht nur zu einem schlechten Betriebsklima, sondern kann auch die Produktivität beeinträchtigen. In solchen Situationen ist es wichtig, ein Bewusstsein für die eigenen Emotionen zu entwickeln und die Verantwortung für das eigene Verhalten zu übernehmen, anstatt andere zu beschuldigen.

Kulturelle Unterschiede beeinflussen ebenfalls, wie und in welchem Ausmaß Projektion und Schuldzuweisung stattfinden. In kollektivistischen Kulturen wird oft Wert auf Gruppenzusammenhalt gelegt, was dazu führen kann, dass Schuld auf Einzelne projiziert wird, um die Gruppe zu entlasten. In individualistischen Kulturen hingegen kann die Tendenz zur Schuldzuweisung stärker ausgeprägt sein, da persönliche Verantwortung und individuelle Leistung betont werden. Diese Unterschiede zeigen, wie soziale Normen das Verhalten von Menschen in Bezug auf Schuld und Verantwortung prägen.

Um die negativen Auswirkungen der Projektion und Schuldzuweisung zu überwinden, sind Selbstreflexion und emotionale Intelligenz entscheidend. Strategien wie Achtsamkeit und Kommunikation können helfen, das Bewusstsein für eigene Emotionen zu schärfen und die Tendenz zur Projektion zu reduzieren. Indem Menschen lernen, Verantwortung für ihre eigenen

Gefühle und Handlungen zu übernehmen, können sie nicht nur ihre zwischenmenschlichen Beziehungen verbessern, sondern auch ein gesünderes Selbstbewusstsein entwickeln.

Stereotype und Vorurteile

Stereotype und Vorurteile spielen eine zentrale Rolle in der Art und Weise, wie Menschen Schuld zuweisen. Oftmals sind es vereinfachte und generalisierte Annahmen über bestimmte Gruppen, die dazu führen, dass Individuen in schwierigen Situationen die Verantwortung auf andere abwälzen. Diese Mechanismen sind tief in unserer sozialen Interaktion verwurzelt und beeinflussen sowohl persönliche als auch gesellschaftliche Beziehungen. Wenn jemand ein negativeres Bild von einer bestimmten Gruppe hat, ist die Wahrscheinlichkeit höher, dass er oder sie diese Gruppe für eigene Misserfolge oder Probleme verantwortlich macht.

Psychologische Mechanismen der Schuldzuweisung sind eng mit Stereotypen verbunden. Menschen neigen dazu, ihre eigenen Fehler zu minimieren oder zu rationalisieren, indem sie externe Faktoren beschuldigen. Oft geschieht dies unbewusst und wird durch bestehende Vorurteile verstärkt. Wenn beispielsweise eine Person in einer sozialen oder beruflichen Situation scheitert, kann sie dazu neigen, Kollegen oder ethnische Gruppen, die sie als "anders" wahrnimmt, für ihr Versagen verantwortlich zu machen. Dieser Prozess kann nicht nur die eigene Selbstwahrnehmung beeinflussen, sondern auch zu einem Teufelskreis von Vorurteilen und Diskriminierung führen.

Die Rolle von sozialen Normen in der Schuldzuweisung ist ebenfalls entscheidend. In vielen Kulturen gibt es unausgesprochene Regeln darüber, wie Verantwortung zugewiesen wird. Diese Normen können das Verhalten von Individuen prägen und sie dazu bringen, die Schuld auf andere zu schieben, um ihre eigene soziale Stellung zu wahren. Wenn es gesellschaftlich akzeptiert ist, bestimmte Gruppen zu beschuldigen, verstärkt sich das Vorurteil und führt zu einer weiteren Stigmatisierung. Solche sozialen Normen können tief verwurzelt sein und erfordern bewusste Anstrengungen, um sie zu hinterfragen und zu verändern.

In zwischenmenschlichen Beziehungen ist die Zuweisung von Schuld oft ein komplexes Thema. Die Dynamik zwischen Schuld und Verantwortung kann das Vertrauen und die Kommunikation zwischen Partnern erheblich beeinflussen. Wenn eine Person immer wieder die Schuld auf den anderen abwälzt, kann dies zu einem Ungleichgewicht in der Beziehung führen und letztlich zu deren Zerfall. Kulturelle Unterschiede spielen hierbei eine bedeutende Rolle, da verschiedene Kulturen unterschiedliche Auffassungen von Schuld und Verantwortung haben, was die Konfliktbewältigung in Beziehungen beeinflussen kann.

Die Auswirkungen von Schuldzuweisung auf das Selbstbewusstsein sind nicht zu unterschätzen. Menschen, die häufig die Schuld bei anderen suchen, können ein geringeres Selbstwertgefühl entwickeln, da sie sich nicht mit ihren eigenen Fehlern und deren Ursachen auseinandersetzen. Dies kann in der Arbeitswelt besonders problematisch sein, wo Schuldzuweisungen zu einem toxischen Arbeitsklima führen können. Verhaltenspsychologische Ansätze zeigen, dass Angst und Schuldzuweisungen oft Hand in Hand gehen; in Zeiten von Unsicherheit suchen Menschen nach Sündenböcken, um ihre eigenen Ängste zu projizieren. Um diesen Kreislauf zu durchbrechen, sind Strategien zur Überwindung von Schuldzuweisungsverhalten notwendig, die auf Selbstreflexion und Empathie abzielen.

Kapitel 4: Die Rolle von sozialen Normen in der Schuldzuweisung

Soziale Normen und ihre Entstehung

Soziale Normen sind grundlegende Verhaltensregeln, die in einer Gesellschaft oder Gruppe entstehen und deren Einhaltung von den Mitgliedern erwartet wird. Sie formen unser Verhalten und beeinflussen, wie wir uns in verschiedenen sozialen Kontexten verhalten. Die Entstehung dieser Normen kann auf verschiedene Faktoren zurückgeführt werden, darunter kulturelle Werte, historische Ereignisse und die kollektive Erfahrung einer Gemeinschaft. Soziale Normen entwickeln sich oft über einen langen Zeitraum durch Interaktionen und Kommunikation zwischen Individuen, wobei sie durch soziale Belohnungen oder Bestrafungen verstärkt oder abgeschwächt werden.

Ein zentraler Aspekt bei der Entstehung sozialer Normen ist der Einfluss von Gruppen und Gemeinschaften auf das individuelle Verhalten. Menschen neigen dazu, sich an den Erwartungen ihrer sozialen Umgebung zu orientieren, um Zugehörigkeit und Akzeptanz zu gewährleisten. Diese Gruppendynamiken führen dazu, dass Normen entstehen, die nicht nur das Verhalten von Individuen lenken, sondern auch deren Wahrnehmung von Schuld und Verantwortung beeinflussen. In vielen Fällen wird die Schuld für Fehler oder Missgeschicke nicht nur individuell, sondern auch kollektiv wahrgenommen, was zu einer verstärkten Suche nach Sündenböcken führt.

Die Rolle von sozialen Normen in der Schuldzuweisung ist besonders bemerkenswert. Oftmals werden Individuen für das Scheitern oder Misslingen von Gruppen oder Institutionen verantwortlich gemacht, selbst wenn sie nicht direkt daran beteiligt sind. Diese Dynamik kann dazu führen, dass Menschen sich von der Verantwortung für ihr eigenes Verhalten entziehen und stattdessen andere beschuldigen. Solche Mechanismen sind in zwischenmenschlichen Beziehungen weit verbreitet, wo Schuldzuweisungen oft als Mittel zur Konfliktbewältigung oder zur

Aufrechterhaltung des eigenen Selbstwertgefühls eingesetzt werden.

Kulturelle Unterschiede spielen ebenfalls eine entscheidende Rolle bei der Art und Weise, wie Schuldzuweisung wahrgenommen und praktiziert wird. In einigen Kulturen wird individuelle Verantwortung stärker betont, während in anderen kollektive Schuld eine größere Bedeutung hat. Diese Unterschiede beeinflussen nicht nur persönliche Beziehungen, sondern auch das Verhalten in der Arbeitswelt, wo Schuldzuweisungen zu einem toxischen Arbeitsumfeld führen können. In solchen Fällen können die Auswirkungen auf das Selbstbewusstsein der Betroffenen gravierend sein, da ständige Schuldzuweisungen zu einem verminderten Selbstwertgefühl führen können.

Um die negativen Auswirkungen von Schuldzuweisungsverhalten zu überwinden, ist es wichtig, ein Bewusstsein für die zugrunde liegenden sozialen Normen zu schaffen. Strategien zur Förderung von individueller Verantwortung und zur Stärkung des Selbstbewusstseins können dazu beitragen, die Tendenz zur Schuldzuweisung zu verringern. Dies ist besonders relevant in politischen und medialen

Kontexten, wo Schuldzuweisungen oft als Werkzeug zur Manipulation oder Ablenkung verwendet werden. Letztlich kann ein tieferes Verständnis der sozialen Normen und ihrer Entstehung dazu beitragen, ein harmonischeres Zusammenleben zu fördern.

Einfluss von Gruppenverhalten auf die Schuldzuweisung

Gruppenverhalten spielt eine entscheidende Rolle bei der Schuldzuweisung, da Individuen oft von den Normen und Einstellungen ihrer sozialen Gruppen beeinflusst werden. Innerhalb einer Gruppe kann es zu einem kollektiven Druck kommen, der dazu führt, dass Mitglieder bestimmte Verhaltensweisen oder Ansichten übernehmen, um sich der Mehrheit anzupassen. Diese Dynamik ist besonders stark in Stresssituationen, in denen die Suche nach einem Sündenbock als Bewältigungsmechanismus auftritt. Wenn eine Gruppe mit einem Problem konfrontiert wird, tendiert sie dazu, die Verantwortung auf ein einzelnes Mitglied abzuwälzen, um sich selbst zu entlasten und den sozialen Zusammenhalt aufrechtzuerhalten.

Ein zentraler Aspekt der Schuldzuweisung in Gruppen ist der Einfluss von sozialen Normen. Diese Normen definieren, was als akzeptabel oder inakzeptabel erachtet wird, und beeinflussen somit die Wahrnehmung von Schuld und Verantwortung. In vielen Kulturen wird die Schuldzuweisung an andere als eine Möglichkeit angesehen, das eigene Ansehen zu schützen und soziale Beziehungen zu stabilisieren. Gruppen neigen dazu, die Schuld auf diejenigen zu projizieren, die nicht den Erwartungen oder Normen entsprechen, wodurch ein Gefühl der Zugehörigkeit und der Sicherheit innerhalb der Gruppe gefördert wird.

Die Psychologie hinter den Mechanismen der Schuldzuweisung zeigt, dass Menschen oft dazu neigen, externe Faktoren für ihre eigenen Misserfolge verantwortlich zu machen. Dies kann durch die Theorie der kognitiven Dissonanz erklärt werden, die besagt, dass Individuen unangenehme Gefühle vermeiden wollen, die durch das Eingeständnis eigener Fehler entstehen. Stattdessen wird die Verantwortung auf andere abgewälzt, was nicht nur die eigene Identität schützt, sondern auch das Selbstbewusstsein stärkt. In Gruppen kann dies zu einem Teufelskreis führen, in dem Mitglieder immer wieder andere beschuldigen, um sich selbst zu entlasten.

Kulturelle Unterschiede spielen ebenfalls eine bedeutende Rolle in der Art und Weise, wie Schuldzuweisung erfolgt. In kollektivistischen Kulturen wird häufig mehr Wert auf Gruppenharmonie gelegt, was dazu führen kann, dass Schuldzuweisungen subtiler und weniger konfrontativ sind. Im Gegensatz dazu können individualistische Kulturen direktere Schuldzuweisungen fördern, wobei das Individuum oft als Hauptverantwortlicher für Fehler betrachtet wird. Diese kulturellen Unterschiede beeinflussen nicht nur die Dynamik innerhalb von Gruppen, sondern auch die Art und Weise, wie Konflikte gelöst und Verantwortung verteilt wird.

Die Auswirkungen von Schuldzuweisung sind weitreichend und können das Selbstbewusstsein der Betroffenen erheblich beeinträchtigen. Menschen, die häufig beschuldigt werden, fühlen sich oft isoliert und geringgeschätzt, was zu einem Rückgang des Selbstwertgefühls führen kann. In der Arbeitswelt kann dies zu einem toxischen Klima führen, in dem Mitarbeitende Angst haben, Fehler einzugestehen oder Verantwortung zu übernehmen. Um diese negativen

Auswirkungen zu vermeiden, ist es wichtig, Strategien zur Überwindung von Schuldzuweisungsverhalten zu entwickeln. Offene Kommunikation, Empathie und die Förderung einer Kultur der Fehlerakzeptanz können dazu beitragen, die Dynamik der Schuldzuweisung zu verändern und eine gesündere Gruppenatmosphäre zu schaffen.

Kapitel 5: Schuld und Verantwortung in zwischenmenschlichen Beziehungen

Dynamiken in Beziehungen

In zwischenmenschlichen Beziehungen spielt die Schuldzuweisung eine zentrale Rolle. Oftmals neigen Menschen dazu, die Verantwortung für negative Ereignisse oder Konflikte auf andere zu schieben. Diese Tendenz kann auf verschiedene psychologische Mechanismen zurückgeführt werden. Einer der Hauptgründe ist der Wunsch nach Selbstschutz: Indem wir anderen die Schuld geben, können wir unser eigenes Selbstbild wahren und uns vor der Auseinandersetzung mit eigenen Fehlern und Schwächen schützen. Diese Dynamik ist nicht nur in persönlichen Beziehungen zu beobachten, sondern auch in sozialen und beruflichen Kontexten, wo die Suche nach einem Sündenbock oft verwirrende und schädliche Auswirkungen hat.

Soziale Normen spielen eine entscheidende Rolle bei der Schuldzuweisung. In vielen Kulturen gibt es unausgesprochene Regeln, die festlegen, wie Verantwortung verteilt wird. Diese Normen können dazu führen, dass Individuen in Gruppenverhältnissen dazu tendieren, die Schuld kollektiv zu externalisieren, besonders wenn es um Situationen geht, die als bedrohlich oder herausfordernd empfunden werden. Diese sozialen Erwartungen können die Wahrnehmung von Schuld und Verantwortung verzerren und dazu führen, dass das Individuum seine eigenen Beiträge zu Konflikten nicht in Betracht zieht. Das Verständnis dieser Normen ist entscheidend, um die Dynamiken der Schuldzuweisung besser zu begreifen.

In zwischenmenschlichen Beziehungen kann die Schuldzuweisung tiefgreifende Auswirkungen auf das Selbstbewusstsein der Beteiligten haben. Wenn jemand ständig die Schuld für Probleme auf andere schiebt, kann dies zu einem Ungleichgewicht in der Beziehung führen. Die betroffene Person kann sich machtlos und entwertet fühlen, was das Selbstwertgefühl beeinträchtigt. Gleichzeitig kann der Schuldzuweisende in einer falschen Sicherheit leben, die ihn daran hindert, aus seinen Fehlern zu lernen und zu wachsen. Diese Dynamik kann letztendlich zu einem Teufelskreis führen, der die Beziehung weiter belastet und eine konstruktive Kommunikation erschwert.

Kulturelle Unterschiede beeinflussen ebenfalls, wie Schuldzuweisung in Beziehungen praktiziert wird. In kollektivistischen Kulturen wird oft mehr Wert auf die Gruppe gelegt, was dazu führen kann, dass Schuld eher geteilt oder auf die Gemeinschaft übertragen wird. In individualistischen Kulturen hingegen neigen Menschen dazu, Schuld auf den Einzelnen zu projizieren. Diese Unterschiede können Konflikte sowohl in persönlichen als auch in beruflichen Beziehungen verstärken, da Missverständnisse darüber, wer für bestimmte Situationen verantwortlich ist, häufig zu Spannungen führen.

Um Schuldzuweisungsverhalten zu überwinden, sind Strategien erforderlich, die sowohl Selbstreflexion als auch Empathie fördern. Menschen sollten ermutigt werden, ihre eigenen Anteile an Konflikten zu erkennen und Verantwortung für ihr Handeln zu übernehmen.

Dies kann durch offene Kommunikation und die Schaffung eines sicheren Raums für den Austausch von Gefühlen und Gedanken geschehen. Darüber hinaus ist es wichtig, die kulturellen und sozialen Normen, die Schuldzuweisung beeinflussen, zu hinterfragen und zu verstehen, um die Dynamiken in Beziehungen zu verbessern und ein harmonischeres Miteinander zu fördern.

Schuldzuweisung in Konfliktsituationen

In Konfliktsituationen neigen Menschen oft dazu, die Schuld für Probleme und Missstände anderen zuzuschreiben. Diese Tendenz, die Verantwortung von sich selbst abzuwenden, ist tief in den psychologischen Mechanismen des menschlichen Verhaltens verwurzelt. Ein zentraler Aspekt ist die kognitive Dissonanz, bei der Individuen unangenehme Gefühle vermeiden möchten, die aus dem Bewusstsein eigener Fehler oder Versäumnisse entstehen. Indem sie die Schuld auf andere projizieren, schützen sie ihr Selbstbild und bewahren sich ein Gefühl von Kontrolle und Recht.

Soziale Normen spielen eine entscheidende Rolle bei der Schuldzuweisung. In vielen Kulturen gibt es unausgesprochene Regeln, die definieren, wie Schuld und Verantwortung verteilt werden. Diese Normen können das Verhalten der Menschen stark beeinflussen und dazu führen, dass sie sich anpassen, um in der Gruppe akzeptiert zu werden. In Gemeinschaften, in denen das Streben nach Harmonie und Zusammenhalt betont wird, kann die Schuldzuweisung an Einzelne als eine Möglichkeit gesehen werden, kollektive Verantwortung zu vermeiden und die eigene Position zu stärken.

In zwischenmenschlichen Beziehungen kann die Schuldzuweisung zu erheblichen Spannungen führen. Wenn Partner oder Freunde in Konflikten die Schuld nicht bei sich selbst suchen, sondern auf den anderen abwälzen, kann dies zu einem Teufelskreis aus Vorwürfen und Missverständnissen führen. Diese Dynamik kann das Vertrauen untergraben und langfristig die Beziehung gefährden. Es ist wichtig, dass Individuen lernen, Verantwortung zu übernehmen, um die Qualität ihrer Beziehungen zu verbessern und ein gesundes Kommunikationsklima zu schaffen.

Kulturelle Unterschiede beeinflussen ebenfalls, wie Schuldzuweisungen wahrgenommen und gehandhabt werden. In individualistischen Kulturen wird oft ein stärkerer Fokus auf persönliche Verantwortung gelegt, während kollektivistische Kulturen tendenziell mehr Wert auf Gruppenharmonie und das Vermeiden von Schuldzuschreibungen legen. Diese Unterschiede können Missverständnisse in multinationalen Kontexten verursachen, sowohl in persönlichen als auch in beruflichen Beziehungen, und ein Bewusstsein für diese Dynamiken ist entscheidend für interkulturelle Kommunikation.

Die Auswirkungen der Schuldzuweisung sind vielschichtig und betreffen das Selbstbewusstsein und die psychische Gesundheit der Betroffenen. Häufig führt die ständige Zuschreibung von Schuld zu einem verminderten Selbstwertgefühl und einem Gefühl der Hilflosigkeit. In der Arbeitswelt kann Schuldzuweisung nicht nur das Arbeitsklima vergiften, sondern auch die Produktivität beeinträchtigen. Um diese negativen Effekte zu überwinden, sind Strategien erforderlich, die auf Empathie, konstruktiver Kommunikation und der Förderung einer Kultur der Verantwortung setzen. So kann ein gesünderer Umgang mit Konflikten gefördert werden, der sowohl individuelle als auch kollektive Vorteile mit sich bringt.

Kapitel 6: Kulturelle Unterschiede in der Schuldzuweisung.

Individualistische vs. kollektivistische Kulturen

Individualistische und kollektivistische Kulturen unterscheiden sich grundlegend in ihren Werten und sozialen Normen, was sich auch auf die Schuldzuweisung auswirkt. In individualistischen Kulturen, wie den USA oder Westeuropa, wird das Individuum in den Mittelpunkt gestellt. Hier liegt der Fokus auf persönlichen Freiheiten und Selbstverwirklichung. Fehler und Misserfolge werden oft als das Resultat individueller Entscheidungen betrachtet, was zu einer erhöhten Verantwortung des Einzelnen führt. In solchen Kulturen neigen Menschen dazu, andere für ihre Probleme verantwortlich zu machen, um den eigenen Selbstwert zu schützen und Schuldgefühle zu minimieren.

Im Gegensatz dazu sind kollektivistische Kulturen, wie viele asiatische oder afrikanische Gesellschaften, stark auf Gemeinschaft und soziale Harmonie ausgerichtet. Hier wird das Wohl der Gruppe über das des Einzelnen gestellt. Schuldzuweisungen in diesen Kulturen sind oft weniger direkt und können subtiler ausfallen, da das Ziel ist, das Gleichgewicht innerhalb der Gemeinschaft aufrechtzuerhalten. In solchen Kontexten können Menschen, die Probleme erleben, dazu neigen, die Verantwortung kollektiv zu betrachten, was die Schuldzuweisung auf die Gruppe oder die Umstände überträgt, anstatt auf Einzelpersonen.

Die Rolle von sozialen Normen in der Schuldzuweisung ist in beiden Kulturen von zentraler Bedeutung. In individualistischen Gesellschaften fördern soziale Normen oft den Wettbewerb und die Leistung, was dazu führt, dass Misserfolge persönlich interpretiert werden. Hierbei wird die Schuld häufig direkt an Einzelpersonen weitergegeben. In kollektivistischen Kulturen hingegen gibt es eine Norm der gegenseitigen Unterstützung und des Zusammenhalts, was dazu führt, dass Schuld oft als gemeinsames Problem angesehen wird. Diese Unterschiede beeinflussen nicht nur zwischenmenschliche Beziehungen, sondern auch die Art und Weise, wie Verantwortung innerhalb von Gemeinschaften und Organisationen getragen wird.

Die Auswirkungen von Schuldzuweisungen auf das Selbstbewusstsein sind ebenfalls kulturell geprägt. In individualistischen Kulturen kann die Schuldzuweisung an andere zu einem Verlust des Selbstwertgefühls führen, wenn man als Versager wahrgenommen wird. Das Bedürfnis, eigene Fehler zu rationalisieren, kann dazu führen, dass man andere für eigene Probleme verantwortlich macht. In kollektivistischen Kulturen hingegen kann die gemeinsame Schuldzuweisung die Last auf den Einzelnen verringern und das Zusammengehörigkeitsgefühl stärken, was potenziell zu einem positiveren Selbstbild führt.

Abschließend ist zu beachten, dass die Schuldzuweisung in der Arbeitswelt und in anderen sozialen Kontexten stark von den kulturellen Rahmenbedingungen abhängt. In individualistischen Organisationen kann ein wettbewerbsorientiertes Umfeld dazu führen, dass Mitarbeiter oft versuchen, sich selbst zu schützen, indem sie anderen die Schuld zuschieben. In kollektivistischen Organisationen hingegen könnte ein stärkerer Fokus auf Teamarbeit und gemeinsame Verantwortung zu einem konstruktiveren Umgang mit Fehlern führen. Das Verständnis dieser kulturellen Unterschiede ist entscheidend für die Entwicklung effektiver Strategien zur Überwindung von Schuldzuweisungsverhalten und zur Förderung einer positiven, unterstützenden Arbeitsumgebung.

Einfluss kultureller Werte auf die Schuldzuweisung

Die Schuldzuweisung ist ein komplexes Phänomen, das stark von den kulturellen Werten und Normen einer Gesellschaft geprägt ist. In Kulturen, in denen Individualismus hoch geschätzt wird, neigen Menschen dazu, Verantwortung für Misserfolge und Probleme auf andere abzuwälzen, um ihr eigenes Selbstbild zu schützen. Dies geschieht oft durch die Suche nach Sündenböcken, die als Ursache für das Scheitern identifiziert werden. Im Gegensatz dazu fördern kollektivistische Kulturen häufig ein Gefühl der gemeinsamen Verantwortung, wodurch die Schuldzuweisung weniger ausgeprägt ist. Hier wird die Verantwortung oft als Teil des sozialen Gefüges betrachtet, was die Dynamik der Schuldzuweisung verändert.

Kulturelle Werte beeinflussen auch, wie Menschen Schuld empfinden und ausdrücken. In westlichen Gesellschaften kann Schuld oft mit Scham verbunden sein, was dazu führt, dass Individuen versuchen, Schuldige zu identifizieren, um von dieser negativen Emotion befreit zu werden. In Kulturen, in denen Gemeinschaft und Harmonie betont werden, kann das Vermeiden von Schuldzuweisungen wichtiger sein als das Feststellen von Fehlern. Dies kann zu einem tieferen Verständnis von Verantwortung führen, bei dem Lösungen im Vordergrund stehen, anstatt Schuldige zu finden.

Die Rolle sozialer Normen ist in diesem Kontext ebenso entscheidend. In vielen Kulturen gibt es unausgesprochene Regeln darüber, wie mit Fehlern und Misserfolgen umgegangen werden soll. Diese Normen können dazu führen, dass Menschen in bestimmten Situationen eher geneigt sind, anderen die Schuld zuzuschreiben, als sich selbst zu reflektieren. Beispielsweise kann in einer Kultur, die Wettbewerbsfähigkeit fördert, die Schuldzuweisung als Mittel zur Aufrechterhaltung des sozialen Status dienen. Dies schafft einen Teufelskreis, in dem Schuldzuweisungen zu Konflikten führen, die wiederum das soziale Gefüge belasten.

Die Auswirkungen von Schuldzuweisung auf das Selbstbewusstsein sind in verschiedenen Kulturen unterschiedlich. Während in einigen Gesellschaften Schuldzuweisungen zu einem Gefühl der Entwertung führen können, erleben andere Menschen möglicherweise eine Bestätigung ihrer eigenen Identität, wenn sie die Verantwortung auf andere abwälzen. Diese Dynamik hat weitreichende Folgen für zwischenmenschliche Beziehungen, da sie das Vertrauen und die Zusammenarbeit schädigen kann. In einem Arbeitsumfeld kann die ständige Schuldzuweisung zu einer toxischen Atmosphäre führen, die sowohl die Produktivität als auch das psychische Wohlbefinden der Mitarbeiter beeinträchtigt.

Schließlich spielt die Verbindung zwischen Angst und Schuldzuweisung eine bedeutende Rolle in der Art und Weise, wie kulturelle Werte interpretiert werden. In Kulturen, in denen Angst vor Fehlern stark ausgeprägt ist, kann die Tendenz zur Schuldzuweisung zunehmen, da Menschen versuchen, sich vor negativen

Konsequenzen zu schützen. Dies ist besonders relevant in politischen und medialen Kontexten, wo schuldzuweisende Narrative häufig genutzt werden, um von eigenen Unzulänglichkeiten abzulenken oder um politische Agenden voranzutreiben. Die Herausforderung besteht darin, Strategien zu entwickeln, die Schuldzuweisungsverhalten reduzieren und ein Umfeld schaffen, in dem Verantwortung und Zusammenarbeit gefördert werden.

Kapitel 7: Auswirkungen von Schuldzuweisung auf das Selbstbewusstsein

Schuldgefühle und deren Folgen

Schuldgefühle sind emotionale Reaktionen, die häufig in sozialen Interaktionen entstehen, insbesondere wenn Menschen das Gefühl haben, gegen soziale Normen oder persönliche Standards verstoßen zu haben. Diese Gefühle können tiefgreifende Auswirkungen auf das individuelle Verhalten und die zwischenmenschlichen Beziehungen haben. Oftmals neigen wir dazu, Schuldgefühle nicht nur bei uns selbst, sondern auch bei anderen zu suchen. Dieses Verhalten kann als psychologischer Mechanismus angesehen werden, der uns erlaubt, unsere eigenen Unzulänglichkeiten und Fehler zu projizieren, um uns selbst zu entlasten. Indem wir anderen die Schuld zuschreiben, schaffen wir eine vermeintliche Distanz zu unseren eigenen Fehlern und bewahren unser Selbstbild.

Die Rolle sozialer Normen in der Schuldzuweisung ist ebenso entscheidend. In vielen Kulturen und Gemeinschaften gibt es unausgesprochene Regeln darüber, was als akzeptables Verhalten gilt. Wenn diese Normen verletzt werden, entsteht oft ein kollektives Bedürfnis, die Schuld zu lokalisieren. Diese Normen beeinflussen nicht nur, wie Schuld wahrgenommen wird, sondern auch, wie sie kommuniziert und bestraft wird. In sozialen Gruppen, in denen starke Normen herrschen, kann die Schuldzuweisung zu einem Instrument werden, um Konformität zu erzwingen und Abweichler zu disziplinieren, was wiederum das soziale Gefüge festigt.

In zwischenmenschlichen Beziehungen kann die Dynamik von Schuld und Verantwortung zu erheblichen Spannungen führen. Oftmals wird in Konfliktsituationen die Schuld schnell auf den Partner oder die Partnerin geschoben, anstatt die eigene

Verantwortung zu reflektieren. Diese Taktik kann kurzfristig Erleichterung verschaffen, führt jedoch langfristig zu einem Abbau des Vertrauens und der emotionalen Intimität. Wenn beide Parteien ständig versuchen, die Schuld zu externalisieren, bleibt die eigentliche Problematik ungelöst und die Beziehung leidet unter einer ständigen Atmosphäre des Misstrauens und der Vorwürfe.

Die kulturellen Unterschiede in der Schuldzuweisung sind ebenfalls bemerkenswert. In kollektivistischen Kulturen wird die Schuld oft auf die Gemeinschaft oder die Familie übertragen, während in individualistischen Kulturen die Verantwortung tendenziell individueller wahrgenommen wird. Diese Unterschiede beeinflussen, wie Menschen mit Schuldgefühlen umgehen und wie diese Gefühle das soziale Miteinander prägen. Ein Verständnis für diese kulturellen Nuancen kann dabei helfen, Missverständnisse zu vermeiden und effektivere Kommunikationsstrategien zu entwickeln, insbesondere in multikulturellen Kontexten.

Die Auswirkungen der Schuldzuweisung auf das Selbstbewusstsein sind tiefgreifend. Menschen, die häufig die Schuld bei anderen suchen, können ein geschwächtes Selbstwertgefühl entwickeln, da sie nicht lernen, Verantwortung für ihr eigenes Handeln zu übernehmen. Dies kann zu einem Teufelskreis führen, in dem die ständige Suche nach Sündenböcken das individuelle Wachstum und die persönliche Entwicklung hemmt. Um diese Dynamik zu durchbrechen, ist es wichtig, Strategien zur Überwindung von Schuldzuweisungsverhalten zu entwickeln, die Selbstreflexion fördern und die Fähigkeit stärken, aus Fehlern zu lernen, anstatt sie zu verleugnen oder auf andere zu projizieren.

Selbstwertgefühl und Identität

Selbstwertgefühl und Identität sind eng miteinander verbundene Konzepte, die maßgeblich beeinflussen, wie Individuen Schuld empfinden und zuweisen. Das Selbstwertgefühl bezieht sich auf die subjektive Einschätzung des eigenen Wertes, während die Identität die Gesamtheit der Eigenschaften und Merkmale umfasst, die eine Person definieren. Wenn das Selbstwertgefühl niedrig ist, neigen Menschen oft dazu, die Schuld für Probleme und Misserfolge auf andere zu projizieren, um sich selbst zu entlasten.

Dieser Mechanismus kann in verschiedenen sozialen Kontexten beobachtet werden, sei es in persönlichen Beziehungen, am Arbeitsplatz oder in der Gesellschaft im Allgemeinen.

Die Rolle sozialer Normen ist entscheidend für das Verständnis von Schuldzuweisung. In vielen Kulturen wird das Individuum stark durch gesellschaftliche Erwartungen und Normen beeinflusst. Diese Normen können das Verhalten und die Denkmuster formen, wodurch Schuldzuweisung als ein akzeptiertes Mittel zur Aufrechterhaltung des sozialen Gleichgewichts wahrgenommen wird. Wenn jemand gegen diese Normen verstößt, kann die Reaktion der Gemeinschaft dazu führen, dass die betroffene Person nach einem Sündenbock sucht, um ihre eigenen Unsicherheiten zu verbergen und ihre Identität zu schützen.

In zwischenmenschlichen Beziehungen spielt die Dynamik von Schuld und Verantwortung eine zentrale Rolle. Ein starkes Selbstwertgefühl kann dazu führen, dass Individuen Verantwortung für ihre Handlungen übernehmen und offen für Kritik sind. Im Gegensatz dazu können Menschen mit geringem Selbstwertgefühl geneigt sein, andere für ihre Probleme verantwortlich zu machen, um nicht mit ihren eigenen Fehlern konfrontiert zu werden. Diese Tendenz kann zu Spannungen und Konflikten führen, die letztendlich die Beziehungen belasten und die persönliche Entwicklung behindern.

Kulturelle Unterschiede beeinflussen ebenfalls, wie Schuldzuweisung wahrgenommen und praktiziert wird. In kollektivistischen Kulturen wird häufig mehr Wert auf die Gruppe gelegt, was dazu führen kann, dass Schuld innerhalb der Gemeinschaft verteilt wird, während in individualistischen Kulturen die Verantwortung stärker auf das Individuum fokussiert ist. Diese Unterschiede können das Selbstwertgefühl in verschiedenen Kulturen unterschiedlich beeinflussen, da die Art und Weise, wie Menschen Schuld empfinden und darauf reagieren, eng mit den sozialen Normen und Werten verknüpft ist.

Die Auswirkungen von Schuldzuweisung auf das Selbstbewusstsein sind vielfältig und können sowohl positive als auch negative Effekte haben. Während die Schuldzuweisung kurzfristig Erleichterung verschaffen kann, führt sie langfristig oft zu einem verringerten Selbstwertgefühl und einer fragmentierten Identität. Um diese Muster zu durchbrechen, ist es wichtig, Strategien zur Überwindung von

Schuldzuweisungsverhalten zu entwickeln. Dazu gehören Selbstreflexion, Empathie und die Förderung einer Kultur der Verantwortung, die es Individuen ermöglicht, ihre Fehler anzuerkennen und daraus zu lernen, anstatt sie auf andere abzuwälzen.

Kapitel 8: Schuldzuweisung in der Arbeitswelt und ihre Folgen

Schuldzuweisung in Teams

Schuldzuweisung in Teams ist ein weit verbreitetes Phänomen, das in verschiedenen sozialen und beruflichen Kontexten beobachtet werden kann. Wenn Probleme oder Fehlentscheidungen innerhalb eines Teams auftreten, neigen die Mitglieder oft dazu, die Verantwortung auf andere zu schieben. Dieser Mechanismus kann tief in den psychologischen Prozessen verwurzelt sein, die unser Verhalten beeinflussen. Oft geschieht dies unbewusst, da Individuen versuchen, ihr eigenes Selbstbild zu schützen und negative Konsequenzen abzuwenden. In vielen Fällen wird die Schuldzuweisung als eine Art

Bewältigungsmechanismus genutzt, um mit Stress und Druck in der Arbeitsumgebung umzugehen.

Psychologische Mechanismen spielen eine entscheidende Rolle bei der Schuldzuweisung. Der sogenannte "Fundamentale Attributionsfehler" beschreibt die Tendenz, das Verhalten anderer Menschen eher auf deren Persönlichkeitsmerkmale zurückzuführen, während man die eigenen Handlungen stärker durch situative Faktoren erklärt. In einem Team kann dies dazu führen, dass Fehler und Misserfolge schnell einem bestimmten Mitglied zugeschrieben werden, während die kollektiven Verantwortlichkeiten und die Einflüsse des Teamumfeldes oft ignoriert werden. Diese Dynamik kann nicht nur das Teamklima belasten, sondern auch das individuelle Wohlbefinden der Betroffenen erheblich beeinträchtigen.

Soziale Normen spielen ebenfalls eine wesentliche Rolle in der Schuldzuweisung. In vielen Teams gibt es unausgesprochene Regeln darüber, wer für was verantwortlich ist, und diese Normen können die Schuldzuweisung beeinflussen. Wenn in einem Team eine Kultur herrscht, die Schuld und Scham fördert, wird die Tendenz zur Schuldzuweisung verstärkt. In solchen Umgebungen fühlen sich Teammitglieder möglicherweise gezwungen, andere zu beschuldigen, um sich selbst zu entlasten oder um ihre Position im Team zu sichern. Dies kann zu einem Teufelskreis führen, in dem Misstrauen und Konflikte zunehmen und die Zusammenarbeit beeinträchtigt wird.

Kulturelle Unterschiede sind ebenfalls ein wichtiger Aspekt der Schuldzuweisung in Teams. In kollektivistischen Kulturen wird häufig mehr Wert auf die Gruppenidentität gelegt, was dazu führen kann, dass Schuld eher innerhalb des Teams geteilt wird. In individualistischen Kulturen hingegen ist die Neigung, Schuld individuell zuzuweisen, stärker ausgeprägt. Diese Unterschiede können die Art und Weise beeinflussen, wie Teams auf Herausforderungen reagieren und wie sie Konflikte lösen. Das Verständnis dieser kulturellen Dimensionen kann für die Führung von Teams entscheidend sein, um ein gesundes und produktives Arbeitsumfeld zu fördern.

Die Auswirkungen von Schuldzuweisung auf das Selbstbewusstsein sind nicht zu unterschätzen. Häufig führt eine ständige Schuldzuweisung zu einem verminderten Selbstwertgefühl bei den betroffenen Teammitgliedern, was wiederum ihre

Leistungsfähigkeit und Motivation beeinträchtigen kann. In der Arbeitswelt ist es daher wichtig, Strategien zu entwickeln, um Schuldzuweisungsverhalten zu überwinden. Dazu gehört die Förderung einer offenen Kommunikation, in der Fehler als Lernchancen betrachtet werden, anstatt als Anlässe für Schuldzuweisungen. Nur durch die Schaffung eines unterstützenden Umfelds können Teams ihre Probleme gemeinsam angehen und eine produktive Zusammenarbeit gewährleisten.

Auswirkungen auf die Arbeitsatmosphäre

Die Auswirkungen auf die Arbeitsatmosphäre sind von entscheidender Bedeutung für das Verständnis der Dynamik in Teams und Organisationen. Wenn in einem Arbeitsumfeld Schuldzuweisungen an der Tagesordnung sind, kann dies die Zusammenarbeit und das Vertrauen unter den Mitarbeitern erheblich beeinträchtigen. Häufig führt die Suche nach einem Sündenbock dazu, dass die Verantwortung für Fehler nicht konstruktiv diskutiert wird. Stattdessen entstehen Konflikte, die nicht nur die Produktivität mindern, sondern auch das allgemeine Wohlbefinden der Mitarbeiter gefährden.

Eine solche toxische Atmosphäre kann zu einem Teufelskreis führen, in dem sich die Schuldzuweisungen verstärken. Mitarbeiter werden defensiv und versuchen, eigene Fehler zu vertuschen, um nicht zur Zielscheibe zu werden. Diese Angst vor Repressalien kann dazu führen, dass wichtige Informationen nicht geteilt werden und Innovationen gehemmt werden. In einem solchen Umfeld sinkt die Motivation, und die Identifikation mit der Organisation leidet. Die Mitarbeiter fühlen sich weniger wertgeschätzt und weniger bereit, Verantwortung zu übernehmen, was sich negativ auf die Teamleistung auswirkt.

Die Rolle sozialer Normen in der Schuldzuweisung ist ebenfalls ein wesentlicher Faktor. In vielen Unternehmen gibt es unausgesprochene Regeln darüber, wie Fehler behandelt werden. Wenn eine Unternehmenskultur vorherrscht, die Schuldzuweisungen begünstigt, wird dies von den Mitarbeitern schnell verinnerlicht. Sie lernen, dass es sicherer ist, andere für Misserfolge verantwortlich zu machen, als selbst die Initiative zu ergreifen und

Lösungen zu suchen. Dies kann langfristig zu einer stagnierenden Entwicklung führen, da die Mitarbeiter keine Risiken mehr eingehen und somit keine Chancen zur Verbesserung genutzt werden.

Kulturelle Unterschiede spielen ebenfalls eine Rolle in der Art und Weise, wie Schuldzuweisungen in der Arbeitswelt erfolgen. In kollektivistischen Kulturen, in denen das Wohl der Gruppe oft über individuelle Interessen gestellt wird, kann die Schuldzuweisung als eine Möglichkeit gesehen werden, die Gruppe zu schützen. In individualistischen Kulturen hingegen könnte das Streben nach persönlicher Verantwortung und Anerkennung dazu führen, dass Schuldzuweisungen als persönlicher Angriff empfunden werden. Diese Unterschiede müssen von Führungskräften erkannt und berücksichtigt werden, um eine gesunde Arbeitsatmosphäre zu fördern.

Um die negativen Auswirkungen von Schuldzuweisungen auf die Arbeitsatmosphäre zu überwinden, sind gezielte Strategien erforderlich. Führungskräfte sollten eine offene Kommunikationskultur fördern, in der Fehler als Lernmöglichkeiten betrachtet werden. Workshops und Schulungen zur Teamentwicklung können helfen, das

Bewusstsein für die eigenen Verhaltensmuster zu schärfen und ein unterstützendes Umfeld zu schaffen. Indem Mitarbeiter ermutigt werden, Verantwortung zu übernehmen und gemeinsam Lösungen zu erarbeiten, kann eine positive Arbeitsatmosphäre entstehen, die sowohl die persönliche als auch die organisatorische Entwicklung fördert.

Kapitel 9: Verhaltenspsychologie - Warum wir andere für unsere Probleme verantwortlich machen

Die Rolle von Attributionstheorien

Attributionstheorien sind zentrale Modelle in der Psychologie, die sich mit der Erklärung von Verhaltensursachen und der Zuschreibung von Verantwortung beschäftigen. Sie helfen zu verstehen, wie Individuen die Handlungen anderer Menschen interpretieren und bewerten. Wenn es um Schuldzuweisungen geht, sind Attributionen entscheidend, da sie beeinflussen, ob wir eine Situation als Ergebnis von persönlichen Eigenschaften oder situativen Faktoren betrachten. Diese Unterscheidung kann dazu führen, dass wir andere für unsere Probleme verantwortlich machen, wodurch soziale Normen und Erwartungen in den Vordergrund rücken.

Ein zentraler Aspekt der Attributionstheorien ist die Unterscheidung zwischen internen und externen Attributionen. Interne Attributionen beziehen sich auf persönliche Eigenschaften, wie Charakter oder Fähigkeiten, während externe Attributionen auf die Umstände oder das Umfeld abzielen. In vielen Fällen neigen Menschen dazu, die Fehler und Misserfolge anderer intern zu attribuieren, während sie ihre eigenen Misserfolge extern erklären. Diese Tendenz fördert ein Ungleichgewicht in der Schuldzuweisung und verstärkt soziale Normen, die das Verhalten und die Verantwortung innerhalb einer Gruppe definieren.

Soziale Normen spielen eine entscheidende Rolle bei der Schuldzuweisung, da sie die Erwartungen und Standards festlegen, die in einer Gemeinschaft oder Kultur vorherrschen. Diese Normen beeinflussen nicht nur, wie wir andere wahrnehmen, sondern auch, wie wir uns selbst in Bezug auf Schuld und Verantwortung fühlen. In vielen Kulturen wird von Individuen erwartet, dass sie die Verantwortung für ihre eigenen Fehler übernehmen, während gleichzeitig eine starke

Tendenz besteht, anderen die Schuld zuzuschreiben. Diese Dynamik kann zu Konflikten und Missverständnissen in zwischenmenschlichen Beziehungen führen.

Kulturelle Unterschiede in der Schuldzuweisung sind ebenfalls von Bedeutung. In individualistischen Kulturen wird oft mehr Wert auf persönliche Verantwortung gelegt, während kollektivistische Kulturen dazu neigen, die Verantwortung auf die Gruppe zu verteilen. Diese Unterschiede beeinflussen, wie Menschen Schuld empfinden und ausdrücken, sowie die Strategien, die sie zur Überwindung von Schuldzuweisungsverhalten anwenden. In einem multikulturellen Kontext kann das Verständnis dieser Unterschiede dazu beitragen, Konflikte zu minimieren und ein besseres Miteinander zu fördern.

Die Auswirkungen der Schuldzuweisung sind weitreichend und betreffen das Selbstbewusstsein sowie die Beziehungen im beruflichen und privaten Bereich. Schuldzuweisungen können zu einem Teufelskreis von Schuldgefühlen und defensivem Verhalten führen, der das individuelle Wohlbefinden beeinträchtigt. In der Arbeitswelt kann dies zu einem feindlichen Klima führen, das die Zusammenarbeit und

Produktivität untergräbt. Ein Bewusstsein für die Mechanismen der Schuldzuweisung und die Anwendung von Strategien zur Überwindung dieser Verhaltensmuster sind entscheidend, um ein harmonisches Miteinander zu fördern und die Verantwortung konstruktiv zu teilen.

Emotionale Aspekte der Schuldzuweisung

Emotionale Aspekte der Schuldzuweisung sind tief in der menschlichen Psyche verwurzelt und beeinflussen maßgeblich unsere zwischenmenschlichen Beziehungen. Oft neigen wir dazu, die Schuld für negative Ereignisse oder unerwünschte Ergebnisse bei anderen zu suchen, anstatt uns mit unseren eigenen Fehlern oder Schwächen auseinanderzusetzen. Psychologische Mechanismen, wie die Projektion, spielen hierbei eine zentrale Rolle. Sie ermöglichen es uns, unsere eigenen Unsicherheiten und Ängste auf andere zu projizieren, was oft zu einer verzerrten Wahrnehmung der Realität führt. Diese Dynamiken sind besonders ausgeprägt in Situationen, in denen wir uns bedroht fühlen oder unser Selbstwertgefühl in Frage gestellt wird.

Die Rolle sozialer Normen in der Schuldzuweisung kann nicht unterschätzt werden. Gesellschaftliche Erwartungen und Normen prägen, wie wir Verantwortung wahrnehmen und auf Fehler reagieren. In Kulturen, die individualistische Werte betonen, wird oft eine stärkere Neigung zur Schuldzuweisung beobachtet, während kollektivistische Kulturen tendenziell ein stärkeres Gefühl der gemeinsamen Verantwortung fördern. Diese Unterschiede beeinflussen nicht nur, wie Schuld zugewiesen wird, sondern auch, wie Betroffene mit dieser Schuld umgehen. Die kulturelle Prägung kann somit erheblichen Einfluss auf die Dynamik der Schuldzuweisung in verschiedenen Kontexten haben.

In zwischenmenschlichen Beziehungen kann die Schuldzuweisung zu erheblichen Spannungen führen. Wenn Individuen ständig die Schuld aufeinander schieben, entsteht ein Teufelskreis, der das Vertrauen und die Bindung schwächt. Schuldgefühle können das Selbstbewusstsein der Betroffenen beeinträchtigen und zu einem Gefühl der Wertlosigkeit führen. Gleichzeitig kann der Schuldzuweisende in eine Position der Macht gelangen, was kurzfristig das eigene Selbstwertgefühl stärkt, langfristig jedoch schädliche Auswirkungen auf die Beziehung hat. Es ist wichtig, diese Dynamiken zu erkennen und zu verstehen, um gesunde Kommunikationsmuster zu fördern.

In der Arbeitswelt zeigt sich die Schuldzuweisung häufig in der Art und Weise, wie Teams und Individuen miteinander interagieren. Wenn Fehler gemacht werden, kann die Neigung, die Verantwortung auf andere abzuwälzen, zu einem toxischen Arbeitsumfeld führen. Dies beeinträchtigt nicht nur die Teamdynamik, sondern kann auch die individuelle Leistung und das allgemeine Betriebsklima negativ beeinflussen. Organisationen, die eine Kultur der Verantwortung und des Lernens fördern, können diesem Problem entgegenwirken und ein produktiveres Arbeitsumfeld schaffen.

Die Verbindung zwischen Angst und Schuldzuweisung ist ein weiterer wichtiger Aspekt. Oftmals sind in Situationen, in denen wir uns unsicher oder bedroht fühlen, die emotionalen Reaktionen intensiver. Diese Angst kann dazu führen, dass wir in defensives Verhalten verfallen und die Schuld auf andere abwälzen, um unsere eigene Position zu schützen. In der Politik und Medienberichterstattung wird diese Dynamik oft sichtbar, wenn Entscheidungsträger oder öffentliche Figuren versuchen, sich von Verantwortung zu distanzieren, indem sie die Schuld auf andere schieben. Ein bewusster Umgang mit diesen emotionalen Aspekten kann helfen, Schuldzuweisungsverhalten zu überwinden und eine konstruktivere Auseinandersetzung mit Konflikten zu fördern.

Kapitel 10: Die Verbindung zwischen Angst und Schuldzuweisung

Angst als Motivator für Schuldzuweisung

Angst spielt eine entscheidende Rolle als Motivator für Schuldzuweisungen in zwischenmenschlichen Beziehungen und sozialen Interaktionen. Wenn Menschen sich bedroht oder unsicher fühlen, neigen sie dazu, ihre Ängste auf andere zu projizieren, um sich selbst zu entlasten. Diese Projektion hilft, das eigene Selbstwertgefühl aufrechtzuerhalten, indem die Verantwortung für negative Ereignisse oder Emotionen auf andere abgewälzt wird. In Momenten der Unsicherheit oder des Stresses ist es oft einfacher, einen Sündenbock zu finden, als sich mit den eigenen Ängsten und Schwächen auseinanderzusetzen.

Die psychologischen Mechanismen hinter dieser Dynamik sind vielschichtig. Angst kann zu einem Gefühl der Ohnmacht führen, und in einem Versuch, die Kontrolle zurückzugewinnen, suchen Menschen nach äußeren Quellen für ihre Probleme. Dies geschieht häufig in Form von Schuldzuweisungen, die sowohl eine kurzfristige Erleichterung bieten als auch die Angst vor dem eigenen Versagen oder der eigenen Unzulänglichkeit abmildern. So können Individuen ihre emotionale Belastung reduzieren, indem sie die Verantwortung für negative Ergebnisse auf andere Personen übertragen.

Soziale Normen verstärken dieses Verhalten zusätzlich. In vielen Kulturen wird das Zeigen von Schwäche oder das Eingestehen von Fehlern als negativ angesehen. Diese Normen fördern eine Umgebung, in der Schuldzuweisungen als sozial akzeptabel gelten, was die Angst vor sozialer Isolation oder Ablehnung verstärkt. Menschen sind oft geneigt, sich an den Erwartungen ihrer Gemeinschaft zu orientieren, was zu einem kollektiven Verhalten führt, bei dem die Schuld bei anderen gesucht wird, um sich selbst zu schützen.

Die Auswirkungen von Schuldzuweisungen sind nicht nur individuell, sondern auch gesellschaftlich spürbar.

In zwischenmenschlichen Beziehungen kann diese Dynamik zu einer Eskalation von Konflikten führen und das Vertrauen untergraben. In der Arbeitswelt kann Schuldzuweisung ein toxisches Klima schaffen, das die Produktivität und die Zusammenarbeit beeinträchtigt. Wenn Angst als treibende Kraft fungiert, wird die Verantwortung für Fehler nicht gemeinsam getragen, was zu einer Verschlechterung der Teamdynamik und einem Rückgang des Selbstbewusstseins der Beteiligten führt.

Um dieser Tendenz entgegenzuwirken, sind Strategien zur Überwindung von Schuldzuweisungsverhalten notwendig. Bildung und Bewusstsein über die Zusammenhänge zwischen Angst und Schuldzuweisung können helfen, ein Verständnis dafür zu entwickeln, wie diese Mechanismen unser Verhalten beeinflussen. Indem Individuen lernen, Verantwortung für ihre eigenen Emotionen und Fehler zu übernehmen, können sie nicht nur ihre zwischenmenschlichen Beziehungen verbessern, sondern auch ihre eigene psychische Gesundheit stärken. In einer Welt, in der Angst oft eine treibende Kraft ist, ist es entscheidend, einen Weg zu finden, um diese Dynamik zu durchbrechen und Verantwortung auf eine konstruktive Weise zu fördern.

Bewältigungsmechanismen und deren Einfluss

Bewältigungsmechanismen sind psychologische Strategien, die Menschen einsetzen, um mit Stress, Angst und Schuld umzugehen. Diese Mechanismen beeinflussen maßgeblich, wie Individuen Verantwortung wahrnehmen und wie sie anderen die Schuld für ihre Probleme zuschieben. In vielen Fällen, insbesondere bei emotionaler Überwältigung oder persönlichem Versagen, neigen Menschen dazu, externe Faktoren für ihre Schwierigkeiten verantwortlich zu machen. Dies geschieht oft aus einem Bedürfnis heraus, die eigene Identität und das Selbstwertgefühl zu schützen. Indem sie die Schuld auf andere projizieren, erlangen sie kurzfristige Erleichterung und vermeiden das unangenehme Gefühl der eigenen Unzulänglichkeit.

Eine zentrale Rolle in diesem Prozess spielen soziale Normen. Diese Normen definieren, was in einer Gesellschaft als akzeptabel oder inakzeptabel gilt, und beeinflussen, wie Individuen ihre Verantwortung interpretieren. In Kulturen, in denen Schuld und Scham stark ausgeprägt sind, kann die Neigung zur Schuldzuweisung besonders stark ausgeprägt sein. Menschen fühlen sich oft gedrängt, ihre Fehler zu verleugnen oder abzulehnen, um nicht aus der sozialen Gemeinschaft ausgeschlossen zu werden. Diese Dynamik kann sich in zwischenmenschlichen Beziehungen manifestieren, wo Schuldzuweisungen zu Spannungen und Konflikten führen können, anstatt konstruktiv mit Problemen umzugehen.

Die Auswirkungen von Schuldzuweisungen auf das Selbstbewusstsein sind erheblich. Menschen, die häufig andere für ihre Probleme verantwortlich machen, entwickeln oft ein negatives Selbstbild. Sie können in einem Teufelskreis gefangen sein, in dem das Streben nach Selbstschutz zu weiterer Isolation und Unsicherheit führt. Diese Verhaltensweisen können sich auch in der Arbeitswelt zeigen, wo Schuldzuweisungen nicht nur die Teamdynamik belasten, sondern auch die Produktivität und Kreativität hemmen. Ein Klima, in dem Fehler stigmatisiert werden, führt dazu, dass Mitarbeiter weniger bereit sind, Risiken einzugehen oder innovative Lösungen zu entwickeln.

Kulturelle Unterschiede spielen ebenfalls eine wesentliche Rolle bei der Schuldzuweisung. In kollektivistischen Kulturen, in denen das Wohl der Gemeinschaft über das des Individuums gestellt wird, erfolgt die Schuldzuweisung oft auf eine Art und Weise, die die Gruppennormen berücksichtigt. Im Gegensatz dazu neigen individualistische Kulturen dazu, Fehler auf das Individuum zurückzuführen. Diese Unterschiede beeinflussen nicht nur, wie Schuld empfunden wird, sondern auch, wie Gemeinschaften und Gesellschaften insgesamt mit Herausforderungen umgehen. In politischen und medialen Kontexten wird diese Dynamik besonders deutlich, wenn Schuldzuweisungen gezielt eingesetzt werden, um bestimmte Narrative zu fördern oder von eigenen Fehlern abzulenken.

Um Schuldzuweisungsverhalten zu überwinden, sind Strategien notwendig, die Selbstreflexion und Empathie fördern. Individuen sollten ermutigt werden, Verantwortung für ihr Handeln zu übernehmen und die zugrunde liegenden Ängste zu erkennen, die oft für die Neigung zur Schuldzuweisung verantwortlich sind. Durch die Entwicklung eines stärkeren Selbstbewusstseins und die Förderung offener Kommunikation können Menschen lernen, Konflikte konstruktiv zu lösen, anstatt sie durch Schuldzuweisungen zu verschärfen. Dieser Wandel hin zu einer verantwortungsvolleren und empathischeren Haltung ist entscheidend, um gesunde zwischenmenschliche Beziehungen zu fördern und das individuelle sowie kollektive Wohl zu steigern.

Kapitel 11: Schuldzuweisung in der Politik und Medienberichterstattung

Politische Rhetorik und Sündenböcke

Politische Rhetorik spielt eine entscheidende Rolle in der Art und Weise, wie Sündenböcke in der Gesellschaft identifiziert und inszeniert werden. In vielen politischen Diskursen wird die Schuld für gesellschaftliche Probleme oft auf bestimmte Gruppen oder Individuen projiziert, wodurch eine klare Trennlinie zwischen "wir" und "die anderen" gezogen wird. Diese Rhetorik nutzt Angst und Unsicherheit, um Unterstützung zu mobilisieren und von den eigentlichen Ursachen komplexer Probleme abzulenken. Politische Akteure verstehen es, durch geschickte Wortwahl und emotional aufgeladene Botschaften die öffentliche Meinung zu beeinflussen und Sündenböcke zu schaffen, die als leicht identifizierbar und oft schon vorverurteilt gelten.

Ein zentrales psychologisches Phänomen dabei ist die Projektion, bei der Individuen oder Gruppen ihre eigenen Ängste und Unsicherheiten auf andere abwälzen. Diese Mechanismen sind tief in unserer Psychologie verankert und finden nicht nur im politischen Raum, sondern auch in zwischenmenschlichen Beziehungen Anwendung. Wenn wir mit Herausforderungen konfrontiert sind, neigen wir dazu, die Verantwortung für Misserfolge oder Krisen nicht bei uns selbst zu suchen, sondern bei anderen. Dies geschieht oft unbewusst und dient als Bewältigungsmechanismus, um die eigene Identität und das Selbstwertgefühl zu schützen.

Soziale Normen verstärken dieses Verhalten, indem sie definieren, welche Gruppen als akzeptable Sündenböcke gelten. Diese Normen sind kulturell variabel und können sich im Laufe der Zeit ändern. In manchen Kulturen sind bestimmte ethnische Gruppen oder soziale Klassen häufiger Zielscheiben von Schuldzuweisungen. Die bestehende gesellschaftliche Ordnung wird durch solche Normen unterstützt, da sie den Status quo bewahrt und den Menschen ermöglicht, sich als Teil der "richtigen" Gruppe zu fühlen. Die Rhetorik der Schuldzuweisung wird somit nicht nur als politisches Werkzeug eingesetzt, sondern auch als

Mittel zur Aufrechterhaltung sozialer Kohäsion innerhalb bestimmter Gemeinschaften.

Die Auswirkungen von Schuldzuweisungen sind weitreichend und können das Selbstbewusstsein der Betroffenen erheblich beeinträchtigen. Sündenböcke, die in der politischen Rhetorik oder den Medien als solche dargestellt werden, erfahren häufig soziale Stigmatisierung und Isolation. Dies führt nicht nur zu einem Verlust des Selbstwertgefühls, sondern kann auch langfristige psychologische Schäden verursachen. In der Arbeitswelt zeigt sich dies beispielsweise, wenn Mitarbeiter für Probleme verantwortlich gemacht werden, die nicht in ihrem Einflussbereich liegen, was zu einem Klima der Angst und Demotivation führen kann.

Um die Dynamik der Schuldzuweisung zu überwinden, sind Strategien erforderlich, die sowohl auf individueller als auch auf gesellschaftlicher Ebene ansetzen. Bildung und Aufklärung über die psychologischen Mechanismen hinter Schuldzuweisungen können dazu beitragen, ein Bewusstsein für diese Prozesse zu schaffen. Zudem sollten politische Akteure und Medienverantwortliche in ihrer Berichterstattung darauf achten, nicht in die

Falle der Sündenbockmentalität zu tappen. Ein offenes Gespräch über Verantwortung und die Suche nach gemeinsamen Lösungen anstelle von Schuldzuweisungen könnte nicht nur die zwischenmenschlichen Beziehungen stärken, sondern auch zu einer konstruktiveren politischen Kultur führen.

Medienmanipulation und öffentliche Wahrnehmung

Medienmanipulation spielt eine entscheidende Rolle in der Art und Weise, wie öffentliche Wahrnehmung konstruiert wird. Die Medien haben die Macht, Informationen zu selektieren und zu präsentieren, was die Wahrnehmung von Ereignissen und Personen erheblich beeinflussen kann. Diese Einflussnahme geschieht nicht nur durch Auswahl der Berichterstattung, sondern auch durch die Art und Weise, wie Nachrichten aufbereitet werden. Emotionale Appelle, sensationalistische Schlagzeilen und gezielte Fehlinformationen können dazu führen, dass die Öffentlichkeit bestimmte Individuen oder Gruppen als

Sündenböcke betrachtet, was die Schuldzuweisung verstärkt und soziale Normen beeinflusst.

Psychologische Mechanismen, die hinter der Schuldzuweisung stehen, werden oft durch mediale Darstellungen verstärkt. Menschen neigen dazu, komplexe Probleme zu vereinfachen, indem sie die Verantwortung für negative Ereignisse auf andere projizieren. Diese Dynamik wird durch Medien, die bestimmte Narrative fördern, verstärkt. Wenn zum Beispiel ein Skandal aufgedeckt wird, sind es oft die beteiligten Akteure, die in der Berichterstattung als Schuldige dargestellt werden. Diese Schwarz-Weiß-Darstellung trägt dazu bei, dass das Publikum die Komplexität der Situation ignoriert und sich in seinen Urteilen bestärkt fühlt.

Die Rolle von sozialen Normen in der Schuldzuweisung ist ebenfalls nicht zu unterschätzen. In vielen Kulturen gibt es unausgesprochene Erwartungen darüber, wie Individuen sich verhalten sollten. Medien können diese Normen verstärken, indem sie bestimmte Verhaltensweisen als akzeptabel oder inakzeptabel darstellen. Wenn die Gesellschaft einen bestimmten Sündenbock identifiziert, wird diese Figur oft zum Symbol für alles, was als falsch erachtet wird. Dies führt dazu, dass nicht nur die betroffene Person, sondern auch die gesamte Gemeinschaft diese Normen internalisiert, was zu einem Kreislauf der Schuldzuweisung führt.

Die Auswirkungen von Schuldzuweisungen auf das Selbstbewusstsein sind tiefgreifend. Menschen, die als Sündenböcke betrachtet werden, erleben häufig soziale Ausgrenzung und einen Rückgang ihres Selbstwertgefühls. Diese negative Rückkopplung kann zu einem Teufelskreis führen, in dem die betroffene Person versucht, sich zu rehabilitieren, aber oft weiter stigmatisiert wird. In der Arbeitswelt sind die Folgen von Schuldzuweisungen besonders gravierend, da sie zu einem toxischen Arbeitsumfeld und einer erhöhten Fluktuation führen können. Wenn Mitarbeiter ständig die Schuld bei anderen suchen, wird eine Kultur des Misstrauens und der Angst geschaffen, die die Zusammenarbeit und die Produktivität untergräbt.

Abschließend lässt sich sagen, dass Medienmanipulation und öffentliche Wahrnehmung eng miteinander verbunden sind. Die Art und Weise, wie Informationen präsentiert werden, beeinflusst nicht nur individuelle Wahrnehmungen, sondern auch kollektive Einstellungen und Verhaltensweisen. Um diesen Kreislauf der Schuldzuweisung zu durchbrechen, ist es wichtig, sich der eigenen Vorurteile bewusst zu werden und kritisch mit den Informationen umzugehen, die durch die Medien vermittelt werden. Strategien zur Überwindung von Schuldzuweisungsverhalten können helfen, eine empathischere und verantwortungsvollere Gesellschaft zu fördern, in der die Menschen lernen, für ihr eigenes Handeln Verantwortung zu übernehmen und sich nicht auf die Schuld anderer zu verlassen.

Kapitel 12: Strategien zur Überwindung von Schuldzuweisungsverhalten

Selbstreflexion und Achtsamkeit

Selbstreflexion und Achtsamkeit sind entscheidende Werkzeuge, um das eigene Verhalten und die damit verbundenen Schuldzuweisungen zu verstehen. Oft neigen wir dazu, die Verantwortung für unsere Probleme auf andere abzuwälzen, was nicht nur die zwischenmenschlichen Beziehungen belastet, sondern auch unser eigenes Selbstbewusstsein beeinträchtigt. In diesem Kontext ist Selbstreflexion der erste Schritt, um die eigenen Gedanken, Gefühle und Handlungen zu hinterfragen. Indem wir uns selbst kritisch betrachten, können wir die Wurzeln unserer Schuldzuweisungen erkennen und die psychologischen Mechanismen, die uns dazu verleiten, andere zu beschuldigen, besser verstehen.

Achtsamkeit, als eine Form der bewussten Wahrnehmung des gegenwärtigen Moments, spielt ebenfalls eine wichtige Rolle in diesem Prozess. Sie ermöglicht uns, unsere Emotionen und Reaktionen in realen Situationen zu beobachten, ohne sofort zu urteilen oder zu reagieren. Durch Achtsamkeit können wir uns der eigenen inneren Dialoge bewusst werden, die oft von Angst und Unsicherheit geprägt sind. Diese Erkenntnis ist entscheidend, um festzustellen, ob wir anderen die Schuld für unsere Schwierigkeiten geben, weil wir uns selbst nicht mit unseren eigenen Ängsten und Schwächen auseinandersetzen wollen.

Die kulturellen Unterschiede in der Schuldzuweisung sind ein weiteres relevantes Thema. In einigen Kulturen wird persönliches Versagen stark individualisiert, während in anderen eine kollektive Verantwortung betont wird. Diese Unterschiede beeinflussen, wie wir Schuld empfinden und wem wir sie zuschreiben.

Selbstreflexion und Achtsamkeit helfen uns, diese kulturellen Muster zu erkennen und zu hinterfragen, sodass wir uns nicht blind den sozialen Normen unterwerfen, die oft zur Schuldzuweisung führen. Indem wir uns unserer eigenen kulturellen Prägungen bewusst werden, können wir auch empathischer mit den Perspektiven anderer umgehen.

Darüber hinaus ist es wichtig zu verstehen, wie Schuldzuweisungen in der Arbeitswelt und in der Politik eine toxische Umgebung schaffen können. Oftmals wird in Unternehmen und politischen Diskursen nach einem Sündenbock gesucht, was zu einem Klima der Angst und Unsicherheit führt. Selbstreflexion und Achtsamkeit fördern nicht nur die persönliche Verantwortung, sondern können auch dazu beitragen, eine gesündere Dynamik in Gruppen zu schaffen. Wenn Menschen lernen, ihre eigenen Fehler zu akzeptieren und sich nicht hinter Schuldzuweisungen zu verstecken, entsteht ein Raum für konstruktive Kommunikation und Zusammenarbeit.

Letztlich sind Strategien zur Überwindung von Schuldzuweisungsverhalten unerlässlich, um persönliche und soziale Veränderungen zu fördern.

Durch regelmäßige Selbstreflexion und die Praxis von Achtsamkeit können wir lernen, Mitgefühl für uns selbst und andere zu entwickeln. Dies führt zu einer höheren emotionalen Intelligenz und einem besseren Verständnis der komplexen Dynamiken, die Schuldzuweisungen antreiben. Indem wir uns aktiv mit diesen Themen auseinandersetzen, tragen wir nicht nur zu unserem eigenen Wachstum bei, sondern auch zu einem harmonischeren Miteinander in unseren Beziehungen und Gemeinschaften.

Förderung von Empathie und Verantwortung

Die Förderung von Empathie und Verantwortung ist ein zentraler Aspekt im Umgang mit Schuldzuweisungen und ihren psychologischen Mechanismen. In einer Welt, in der oft nach einem Sündenbock gesucht wird, spielt die Fähigkeit, sich in die Perspektiven anderer hineinzuversetzen, eine entscheidende Rolle. Empathie ermöglicht es uns, die Emotionen und Erfahrungen anderer Menschen zu verstehen und zu fühlen, was wiederum dazu beiträgt, die Neigung zur Schuldzuweisung zu verringern. Wenn wir lernen, die Hintergründe und Beweggründe des Handelns anderer zu erkennen, können wir schneller von einem schuldzuweisenden Denken zu einem verantwortungsbewussten Handeln übergehen.

Verantwortung zu übernehmen bedeutet, die Konsequenzen des eigenen Handelns zu akzeptieren und sich aktiv um Lösungen zu bemühen, anstatt die Schuld auf andere abzuwälzen. Diese Haltung kann durch Erziehung und soziale Normen gefördert werden. Familien, Schulen und Gemeinschaften, die Wert auf Verantwortung legen, schaffen eine Kultur, in der individuelle Fehler als Gelegenheiten zum Lernen angesehen werden. Indem wir Verantwortung als positive Eigenschaft betrachten, können wir die Dynamik der Schuldzuweisung in zwischenmenschlichen Beziehungen verändern und ein unterstützendes Umfeld schaffen.

Kulturelle Unterschiede spielen eine wesentliche Rolle in der Art und Weise, wie Schuld und Verantwortung wahrgenommen werden. In kollektivistischen Gesellschaften wird oft mehr Wert auf die Gruppe als auf das Individuum gelegt, was zu einer anderen Form der Schuldzuweisung führen kann. Hier ist die Verantwortung häufig geteilt, und es besteht ein stärkeres Bewusstsein für die Auswirkungen des eigenen Verhaltens auf andere. Dagegen neigen individualistische Kulturen dazu, Schuld und Verantwortung stärker auf das Individuum zu fokussieren, was die Tendenz zur Schuldzuweisung verstärken kann. Ein interkultureller Dialog kann dazu beitragen, verschiedene Perspektiven zu integrieren und ein tieferes Verständnis für die Bedeutung von Empathie und Verantwortung zu fördern.

Die Auswirkungen von Schuldzuweisungen auf das Selbstbewusstsein sind nicht zu unterschätzen. Menschen, die häufig in die Rolle des Sündenbocks gedrängt werden, können ein vermindertes Selbstwertgefühl entwickeln, was zu einer Abwärtsspirale aus Schuld, Scham und Isolation führen kann. Um diesem Teufelskreis entgegenzuwirken, ist es entscheidend, ein Umfeld zu schaffen, in dem Empathie und gegenseitige Unterstützung gefördert werden. Programme zur Stärkung des Selbstbewusstseins, die Empathie als Kernkompetenz integrieren, können dazu beitragen, das individuelle und kollektive Wohlbefinden zu steigern.

Schließlich können Strategien zur Überwindung von Schuldzuweisungsverhalten in verschiedenen Lebensbereichen implementiert werden. Workshops und Trainings, die sich auf empathische Kommunikation und verantwortungsvolles Handeln konzentrieren, sind essenziell. Darüber hinaus können Führungskräfte in der Arbeitswelt durch Vorbilder und transparente Kommunikation ein Klima schaffen, in dem Fehler als Teil des Lernprozesses angesehen werden. Solche Maßnahmen tragen dazu bei, ein Bewusstsein für die eigene Verantwortung zu entwickeln und Empathie zu fördern, was letztlich zu einer gerechteren und harmonischeren Gesellschaft führt.

Kapitel 13: Mobbing und Selbstwert: Warum wir Sündenböcke brauchen

Einführung in das Thema Mobbing und Selbstwert

Mobbing ist ein komplexes Phänomen, das in verschiedenen sozialen Kontexten auftritt, sei es in Schulen, am Arbeitsplatz oder in anderen Gemeinschaften. Es bezeichnet ein systematisches und wiederholtes Verhalten, das darauf abzielt, eine Person zu schikanieren, zu belästigen oder zu isolieren. Dabei kann Mobbing sowohl physische als auch psychische Dimensionen annehmen. Häufige Formen des Mobbings sind verbale Angriffe, soziale Ausgrenzung, Gerüchte sowie körperliche Übergriffe. Es ist wichtig, die verschiedenen Aspekte und Auswirkungen von Mobbing zu verstehen, um die Dynamik zwischen Mobber und Opfer besser zu erfassen.

Ein zentrales Merkmal von Mobbing ist das Ungleichgewicht der Macht zwischen den Beteiligten. Der Mobber nutzt seine vermeintliche Überlegenheit, um das Opfer in eine schwächere Position zu bringen. Dieses Machtspiel kann sich auf verschiedene Weisen manifestieren, wobei der Mobber oft eigene Unsicherheiten und Komplexe projiziert. Indem er andere herabsetzt, versucht er, sich selbst zu erheben und seine eigene Identität zu stärken. Diese Dynamik ist nicht nur schädlich für das Opfer, sondern auch für den Mobber selbst, da sie tiefere psychologische Probleme verdeckt.

Die Suche nach einem Schuldigen ist ein wesentlicher Bestandteil des Mobbingprozesses. Mobber neigen dazu, Sündenböcke zu schaffen, um von ihren eigenen Schwierigkeiten abzulenken. Diese Suche nach einem Schuldigen kann aus einem tiefen Bedürfnis nach

Kontrolle und Bestätigung resultieren. In vielen Fällen sind Mobber selbst Opfer von Mobbing oder anderen Formen von Missbrauch, was ihre eigenen Komplexe verstärkt. Diese Projektion von Schuld auf andere ermöglicht es ihnen, sich von ihren inneren Konflikten zu distanzieren und ihre eigene Unzulänglichkeit zu ignorieren.

Der Umgang mit Mobbing erfordert sowohl präventive als auch reaktive Maßnahmen. Schulen und Organisationen sollten klare Richtlinien und Programme zur Aufklärung über Mobbing implementieren, um ein respektvolles Miteinander zu fördern. Betroffene Personen benötigen Unterstützung, um die erlittenen Traumata zu verarbeiten und wieder ein gesundes Selbstwertgefühl aufzubauen. Es ist entscheidend, die Verantwortlichkeit der Mobber zu thematisieren und ihnen die Möglichkeit zu geben, ihre eigenen Probleme zu erkennen und anzugehen. Nur durch einen offenen Dialog und gezielte Interventionen kann ein Umfeld geschaffen werden, das Mobbing entgegenwirkt.

Insgesamt ist das Verständnis von Mobbing und seiner Definition unerlässlich, um die zugrunde liegenden Ursachen und Dynamiken zu erkennen. Es ist ein vielschichtiges Problem, das nicht nur die Opfer, sondern auch die Mobber und das soziale Umfeld betrifft. Indem wir uns mit den psychologischen Mechanismen, die hinter Mobbing stehen, auseinandersetzen, können wir effektive Strategien entwickeln, um das Phänomen zu bekämpfen und eine Kultur des Respekts und der Empathie zu fördern.

Die Psychologie des Mobbers

Die Psychologie des Mobbers ist ein komplexes Thema, das tief in den menschlichen Beziehungen verwurzelt ist. Mobber sind oft Individuen, die selbst mit Unsicherheiten und inneren Konflikten kämpfen. Sie suchen nach einer Möglichkeit, ihre eigenen Komplexe zu bewältigen, indem sie ihre Macht auf andere projizieren. Diese Projektion kann als eine Art Bewältigungsmechanismus betrachtet werden, durch den der Mobber seine eigenen Schwächen und Ängste überspielt. Indem sie andere herabsetzen, versuchen sie, sich selbst zu erhöhen und ein Gefühl von Kontrolle über ihr Leben zurückzugewinnen.

Ein zentrales Motiv für das Verhalten von Mobbern ist die Suche nach einem Sündenbock. In vielen sozialen Gruppen, sei es in Schulen oder am Arbeitsplatz, fühlen sich Mobber oft bedroht von der Konkurrenz oder dem Erfolg anderer. Die Wahl eines Sündenbocks ermöglicht es ihnen, von ihren eigenen Unzulänglichkeiten abzulenken und sich gleichzeitig als überlegen zu präsentieren. Diese Dynamik kann zu einem Teufelskreis führen, in dem der Mobber kontinuierlich nach neuen Opfern sucht, um seine eigene Unsicherheit zu kaschieren.

Mobber handeln häufig aus einem Bedürfnis nach sozialer Bestätigung und Zugehörigkeit. Indem sie andere herabsetzen, versuchen sie, ihren eigenen sozialen Status zu erhöhen. Diese Art von Verhalten ist oft in Gruppen zu beobachten, wo ein bestimmtes Machtgefüge besteht. Mobber können durch die Zustimmung anderer bestärkt werden, was das Mobbing verstärkt und die Opfer zusätzlich isoliert. Die Gruppendynamik spielt eine entscheidende Rolle in der Psychologie des Mobbers, da die Angst vor Ablehnung und das Streben nach Anerkennung oft die treibenden Kräfte hinter ihrem Verhalten sind.

Ein weiterer Aspekt der Psychologie des Mobbers ist die Unfähigkeit, Empathie zu empfinden. Viele Mobber zeigen ein vermindertes Einfühlungsvermögen in die Gefühle und Bedürfnisse anderer. Dies kann auf eine Vielzahl von Faktoren zurückzuführen sein, darunter persönliche Erfahrungen, Erziehung und soziale Umstände. Diese fehlende Empathie erleichtert es ihnen, anderen Schaden zuzufügen, ohne die emotionalen Konsequenzen ihres Handelns zu erkennen oder zu akzeptieren. In vielen Fällen ist der Mobber selbst ein Produkt seiner Umgebung und gesellschaftlichen Einflüsse, die eine solche Verhaltensweise fördern.

Letztlich ist es wichtig, die Psychologie des Mobbers nicht nur als individuelles Phänomen zu betrachten, sondern auch im Kontext der sozialen Strukturen, in denen sie agieren. Mobbing ist oft ein Symptom tieferliegender gesellschaftlicher Probleme, wie Ungleichheit, Machtmissbrauch und soziale Isolation. Ein besseres Verständnis der Beweggründe von Mobbern kann dazu beitragen, präventive Maßnahmen zu entwickeln und eine Kultur der Empathie und des Respekts zu fördern, um die Ursachen von Mobbing zu bekämpfen und die betroffenen Personen zu unterstützen.

Der Einfluss von Selbstwert auf Mobbingverhalten

Der Selbstwert spielt eine entscheidende Rolle im sozialen Verhalten von Individuen, insbesondere im Kontext von Mobbing. Menschen mit einem niedrigen Selbstwertgefühl neigen dazu, ihre eigenen Unsicherheiten und Ängste durch das Herabsetzen anderer zu kompensieren. Diese Personen sind oft selbst in einem ständigen inneren Konflikt und suchen nach Wegen, um ihre eigenen Mängel zu überdecken. Mobbing wird für sie zu einem Mittel, um Macht und Kontrolle auszuüben, wodurch sie für kurze Zeit ein Gefühl der Überlegenheit erleben können.

Ein niedriges Selbstwertgefühl kann auch dazu führen, dass Mobber sich in ihrer Rolle als Täter bestärkt fühlen. Indem sie andere angreifen, projizieren sie ihre eigenen Unzulänglichkeiten auf diese und schaffen sich ein Gefühl der Zugehörigkeit innerhalb ihrer sozialen Gruppe. Diese Dynamik führt dazu, dass Mobbing als akzeptables Verhalten angesehen wird, was die negative Spirale weiter verstärkt. Oftmals sind die Mobber selbst Opfer von Mobbing oder familiären Problemen, was ihre Aggressionen erklärt und die

Notwendigkeit von Empathie in der Diskussion um Mobbing verdeutlicht.

Die Suche nach einem Sündenbock ist ein weit verbreitetes Phänomen, das eng mit dem Selbstwert verbunden ist. Mobber fühlen sich oft machtlos in ihrem eigenen Leben und suchen nach jemandem, auf den sie ihre Frustration projizieren können. Diese Suche nach einem Schuldigen bietet ihnen die Möglichkeit, ihre eigenen Probleme zu ignorieren und sich stattdessen auf die vermeintlichen Schwächen anderer zu konzentrieren. In vielen Fällen wird dieser Sündenbock zum Ziel von wiederholtem Mobbing, was nicht nur das Selbstwertgefühl des Opfers weiter untergräbt, sondern auch den Mobber in seiner Rolle als Täter bestärkt.

Ein weiterer wichtiger Aspekt ist der Umgang mit eigenen Komplexen. Mobber, die aus einem geringen Selbstwertgefühl heraus handeln, können oft nicht offen über ihre eigenen Probleme sprechen. Stattdessen ziehen sie es vor, ihre Unsicherheiten durch aggressives Verhalten zu maskieren. Diese Art der Konfliktbewältigung ist jedoch nicht nachhaltig und führt langfristig zu emotionalen und sozialen Isolation. Der Mobber wird in einem Teufelskreis gefangen, der sowohl sein eigenes Wohlbefinden als auch das seiner Opfer negativ beeinflusst.

Um Mobbing effektiv zu bekämpfen, ist es wichtig, sowohl den Opfern als auch den Tätern Unterstützung anzubieten. Bildungsprogramme, die sich auf die Stärkung des Selbstwertgefühls konzentrieren, können dazu beitragen, die zugrunde liegenden Probleme zu adressieren. Indem man sowohl den Mobbern als auch den Opfern hilft, ihre eigenen Emotionen und Verhaltensweisen besser zu verstehen, kann ein positiver Wandel erreicht werden. Somit wird nicht nur das Mobbingverhalten reduziert, sondern auch ein gesünderes und respektvolleres Miteinander gefördert.

Kapitel 14: Ursachen von Mobbing

Soziale Dynamiken in Gruppen

Soziale Dynamiken in Gruppen spielen eine entscheidende Rolle im Kontext von Mobbing und Selbstwert. Gruppen sind nicht nur Zusammenschlüsse individueller Persönlichkeiten, sondern sie entwickeln eigene Normen, Werte und Verhaltensweisen, die das

Handeln der Mitglieder beeinflussen. In solchen sozialen Systemen ist es häufig so, dass Machtverhältnisse und Hierarchien entstehen, die das Gruppenverhalten prägen. Diese Dynamiken können dazu führen, dass Einzelne in der Gruppe zu Sündenböcken gemacht werden, was nicht nur die betroffenen Personen, sondern auch die gesamte Gruppe negativ beeinflusst.

Ein zentrales Merkmal sozialer Dynamiken ist die Tendenz, Verantwortung abzugeben und Schuld auf andere zu projizieren. Mobber neigen dazu, sich selbst von Schuldgefühlen zu befreien, indem sie einen Sündenbock auswählen, auf den sie ihre eigenen Unsicherheiten und Komplexe projizieren können. Dies geschieht oft, um die eigene Position in der Gruppe zu stärken oder um eigene Schwächen zu kaschieren. Diese Abwehrmechanismen können sich in einem Teufelskreis manifestieren, in dem das Opfer immer wieder durch die Gruppe ausgegrenzt wird, während die Mobber sich in ihrer Dominanz bestärkt fühlen.

Die Rolle von sozialen Normen und Gruppenzwang ist ebenfalls entscheidend in der Entstehung von Mobbing. In vielen Fällen reagieren Mitglieder einer Gruppe nicht nur passiv auf Mobbing, sondern unterstützen aktiv die

Mobber, um selbst nicht ins Visier zu geraten. Diese Dynamik verstärkt das Gefühl der Isolation des Opfers und schafft ein Klima der Angst, in dem individuelle Moralvorstellungen in den Hintergrund treten. Der Wunsch, zur Gruppe zu gehören, kann dazu führen, dass viele Menschen ihre Werte aufgeben und sich an der Ausgrenzung beteiligen.

Zusätzlich zu den genannten Faktoren beeinflussen auch emotionale Aspekte die sozialen Dynamiken in Gruppen. Angst, Unsicherheit und das Streben nach sozialer Anerkennung können dazu führen, dass Mitglieder der Gruppe sich gegen einen vermeintlichen Außenseiter zusammenschließen. Diese emotionale Verbundenheit kann die Zusammengehörigkeit der Gruppe stärken, auch wenn dies auf Kosten eines Individuums geht. Solche Dynamiken sind besonders in Schulumgebungen zu beobachten, wo der Druck, akzeptiert zu werden, oft zu einer Erhöhung der Mobbingfälle führt.

Um Mobbing und die damit verbundenen sozialen Dynamiken zu verstehen, ist es wichtig, die zugrunde liegenden psychologischen Mechanismen zu erkennen. Die Suche nach einem Sündenbock ist oft eine Flucht vor der eigenen Unzulänglichkeit und kann durch

Gruppenzwang und emotionale Bedürfnisse verstärkt werden. Ein Bewusstsein für diese Dynamiken kann dazu beitragen, präventive Maßnahmen zu entwickeln und das Selbstwertgefühl der Betroffenen zu stärken. Nur durch ein gemeinsames Verständnis und eine kritische Auseinandersetzung mit diesen sozialen Prozessen können wir die Spirale des Mobbings durchbrechen.

Das Bedürfnis nach Macht und Kontrolle

Das Bedürfnis nach Macht und Kontrolle ist ein zentrales Motiv für das Verhalten von Mobbern. In sozialen Hierarchien, sei es in der Schule oder am Arbeitsplatz, streben Individuen oft danach, ihre Position zu festigen und zu verbessern. Dieses Bedürfnis kann dazu führen, dass sie andere Menschen herabsetzen, um sich selbst zu erheben. Mobber nutzen Mobbing als ein Werkzeug, um Kontrolle über ihre Opfer zu gewinnen und ihre eigene Unsicherheit zu maskieren. Die Dynamik des Mobbings wird somit zu einem Ausdruck von Macht, die oft tief in persönlichen Komplexen verwurzelt ist.

Die Suche nach einem Sündenbock spielt in diesem Kontext eine entscheidende Rolle. Mobber projizieren ihre eigenen Ängste und Unsicherheiten auf andere, um sich selbst zu entlasten. Indem sie eine andere Person zum Ziel ihrer Aggressionen machen, schaffen sie eine Illusion von Kontrolle über ihre eigene chaotische Welt. Diese Projektion ermöglicht es ihnen, ihre eigenen Schwächen zu ignorieren und sich stattdessen auf die vermeintlichen Fehler ihrer Opfer zu konzentrieren. Dies verstärkt nicht nur das Gefühl der Überlegenheit, sondern hilft auch, die eigene Identität zu stabilisieren.

Ein weiterer Aspekt des Bedürfnisses nach Macht ist die soziale Bestätigung, die Mobber durch ihre Handlungen erhalten können. In Gruppen, in denen Mobbing vorkommt, kann das Verhalten eines Mobbers als Zeichen von Stärke und Dominanz gedeutet werden. Dies führt oft zu einem Teufelskreis, in dem die Mobber durch die Zustimmung ihrer Komplizen weiter ermutigt werden, ihre Macht auszuspielen. Die Dynamik innerhalb solcher Gruppen verstärkt das Mobbing und macht es für Betroffene noch schwieriger, sich zu wehren. Das Bedürfnis nach Kontrolle wird somit nicht nur individuell, sondern auch kollektiv verstärkt.

Die Auseinandersetzung mit den eigenen Komplexen ist für Mobber oft schmerzhaft und herausfordernd. Viele Mobber sind sich nicht bewusst, dass ihr aggressives Verhalten ein Symptom ihrer inneren Kämpfe ist. Sie vermeiden es, sich mit ihren eigenen Unsicherheiten auseinanderzusetzen und suchen stattdessen nach äußeren Quellen für ihr Selbstwertgefühl. Diese Abwehrmechanismen hindern sie daran, gesunde Beziehungen aufzubauen und ihre Emotionen auf konstruktive Weise zu verarbeiten. Stattdessen bleibt das Bedürfnis nach Kontrolle über andere eine kurzfristige Lösung für ihre langfristigen Probleme.

Ein Verständnis für die Ursachen des Mobbings und das Bedürfnis nach Macht kann helfen, präventive Maßnahmen zu entwickeln. Schulen und Organisationen sollten Programme implementieren, die Empathie und Konfliktlösung fördern. Indem wir die Hintergründe von Mobbing und das Verhalten von Mobbern beleuchten, können wir nicht nur den Opfern helfen, sondern auch den Mobbern Wege aufzeigen, ihre eigenen Komplexe zu überwinden und gesunde Beziehungen zu entwickeln. Nur durch ein gemeinsames Verständnis und die Bereitschaft zur

Veränderung kann die Spirale des Mobbings durchbrochen werden.

Die Rolle von Unsicherheiten und Komplexen

Die Rolle von Unsicherheiten und Komplexen spielt eine zentrale Rolle im Kontext von Mobbing und der Suche nach Sündenböcken. Unsicherheiten, sowohl auf individueller als auch auf kollektiver Ebene, können zu einem verstärkten Bedürfnis führen, andere für eigene Probleme verantwortlich zu machen. In vielen Fällen sind Mobber selbst von tiefen Unsicherheiten betroffen, die sie versuchen, durch die Herabsetzung anderer zu kompensieren. Diese Dynamik zeigt sich besonders in schulischen Umgebungen, wo soziale Hierarchien und Gruppenzugehörigkeiten stark ausgeprägt sind.

Komplexe, die aus persönlichen Erfahrungen oder gesellschaftlichen Erwartungen resultieren, können ebenfalls das Verhalten von Mobbern beeinflussen. Oft stehen Mobber unter dem Druck, sich in einer bestimmten Weise zu verhalten, um Akzeptanz oder Macht innerhalb ihrer Peer-Gruppe zu erlangen. Sie projizieren ihre eigenen Ängste und Schwächen auf andere, was zu einem Teufelskreis der Gewalt und der Schuldzuweisungen führt. Diese Projektion ist nicht nur eine Form der Abwehr, sondern auch ein Mechanismus, um die eigene Identität zu stärken, indem man sich über andere erhebt.

Die Suche nach einem Sündenbock ist oft ein bewusster oder unbewusster Versuch, das eigene Versagen oder die eigene Schwäche zu verschleiern. Mobber handeln häufig impulsiv, ohne die langfristigen Konsequenzen ihres Verhaltens zu bedenken. Sie nutzen Mobbing als Werkzeug, um ihre eigene Unsicherheit zu manipulieren und eine vermeintliche Kontrolle über ihre Umgebung zu erlangen. Dieses Verhalten kann durch soziale Normen und die Erwartungen an Geschlechterrollen verstärkt werden, die bestimmte Verhaltensweisen als akzeptabel oder erwartbar legitimieren.

Die Auswirkungen von Mobbing sind nicht nur auf die Opfer beschränkt. Auch die Mobber selbst leiden unter den psychologischen Konsequenzen ihrer Handlungen, oft ohne sich dessen bewusst zu sein. Ihre Komplexe und Unsicherheiten bleiben in einem Kreislauf gefangen, der es ihnen erschwert, gesunde Beziehungen zu anderen aufzubauen. Die Auseinandersetzung mit diesen inneren Konflikten ist entscheidend, um die Ursachen von Mobbing zu verstehen und wirksame Präventionsstrategien zu entwickeln.

Ein Ansatz zur Veränderung dieser Dynamiken könnte in der Förderung von Empathie und Selbstreflexion liegen. Bildungseinrichtungen sollten Programme implementieren, die sowohl Opfern als auch Tätern helfen, ihre eigenen Unsicherheiten und Komplexe zu erkennen. Durch eine offene Diskussion über Mobbing, die Ursachen und die psychologischen Hintergründe können wir dazu beitragen, ein Umfeld zu schaffen, in dem Verständnis und Unterstützung im Vordergrund stehen, anstelle von Schuldzuweisungen und Mobbing.

Kapitel 15: Die Suche nach Sündenböcken

Psychologische Mechanismen der Schuldzuweisung

Psychologische Mechanismen der Schuldzuweisung sind tief in der menschlichen Psyche verwurzelt und spielen eine entscheidende Rolle in Situationen von

Mobbing. Wenn Individuen in einer Gruppe sind, neigen sie dazu, einen Sündenbock zu suchen, um von eigenen Unsicherheiten und Schwächen abzulenken. Diese Schuldzuweisung schafft ein Gefühl der Kontrolle und der Überlegenheit über das angegriffene Opfer. Indem der Mobber die Verantwortung für seine eigenen Probleme auf jemand anderen projiziert, kann er seine eigenen komplexen Gefühle von Unzulänglichkeit, Angst und Scham maskieren.

Ein zentraler Aspekt der Schuldzuweisung ist die kognitive Dissonanz, die entsteht, wenn das Verhalten einer Person im Widerspruch zu ihren eigenen Überzeugungen steht. Mobber, die möglicherweise selbst unter einem geringen Selbstwertgefühl leiden, versuchen oft, ihre inneren Konflikte zu lösen, indem sie andere herabsetzen. Diese Mechanismus der Schuldzuweisung erlaubt es ihnen, sich selbst als überlegen zu sehen und ihre eigenen Mängel zu ignorieren. Durch die Abwertung des Opfers wird der eigene Status innerhalb der Gruppe gefestigt, was den Mobbern kurzfristig ein Gefühl von Macht und Zugehörigkeit verleiht.

Darüber hinaus spielt die Gruppendynamik eine wichtige Rolle in der Schuldzuweisung. In vielen sozialen Gruppen wird die Tendenz, einen Schuldigen zu suchen, durch den Druck verstärkt, sich an die Normen und Erwartungen der Gruppe anzupassen. Hierbei kann die Angst vor sozialer Isolation oder Ablehnung dazu führen, dass Einzelpersonen sich dem Gruppenzwang beugen und aktiv an der Schuldzuweisung teilnehmen. Diese kollektive Dynamik verstärkt die Isolation des Opfers und legitimiert das Verhalten der Mobber, während die Gruppe gleichzeitig ihre eigenen moralischen Standards untergräbt.

Ein weiterer psychologischer Mechanismus ist der externe Attributionsstil, bei dem Menschen negative Ereignisse oder Misserfolge auf äußere Faktoren oder andere Personen zurückführen. Mobber nutzen häufig diese Strategie, um ihre eigenen Verhaltensweisen zu rationalisieren und die Verantwortung für ihr Handeln zu minimieren. Indem sie das Opfer als Ursache für ihre Probleme darstellen, können sie sich von der Verurteilung durch andere und von persönlichen Schuldgefühlen befreien. Dieser Mechanismus trägt dazu bei, dass Mobbing als sozial akzeptabel erscheint, selbst wenn es tiefgreifende psychologische Schäden verursacht.

Die Auseinandersetzung mit diesen psychologischen Mechanismen ist entscheidend für das Verständnis von Mobbing und dessen Auswirkungen auf das Selbstwertgefühl der Betroffenen. Der Prozess der Schuldzuweisung ist nicht nur ein Mittel zur Selbstbehauptung für den Mobber, sondern auch ein Indikator für tiefere soziale und psychologische Probleme innerhalb der Gruppe. Um die Dynamik des Mobbings zu durchbrechen, ist es wichtig, sowohl die individuellen als auch die sozialen Faktoren zu erkennen, die zu dieser Verhaltensweise führen. Nur durch ein besseres Verständnis dieser Mechanismen können effektive Strategien zur Prävention und Intervention entwickelt werden.

Sündenböcke in sozialen Kontexten

Sündenböcke sind in sozialen Kontexten häufig anzutreffen und dienen oft als Projektionsflächen für die Ängste und Unsicherheiten anderer. In Gruppen oder Gemeinschaften, wo Druck und Konkurrenz herrschen, kann es zu einer Neigung kommen, bestimmte Individuen für die eigenen Probleme verantwortlich zu machen. Dies geschieht nicht nur in

Schulumfeldern, sondern auch in Arbeitsplätzen und anderen sozialen Strukturen. Die Suche nach einem Schuldigen wird oft als Bewältigungsmechanismus genutzt, um von den eigenen Schwächen und Versäumnissen abzulenken.

Der Mobber als Täter ist häufig selbst von inneren Konflikten und Komplexen geplagt. Um diese Herausforderungen zu bewältigen, projiziert er seine eigenen Unsicherheiten auf eine andere Person. Diese Taktik ermöglicht es dem Mobber, sich temporär besser zu fühlen, während das Opfer in eine Position der Ohnmacht gedrängt wird. Die Dynamik zwischen Mobber und Opfer ist oft von einem Ungleichgewicht geprägt, bei dem der Mobber versucht, seine eigene Überlegenheit durch das Herabsetzen anderer zu demonstrieren.

In vielen Fällen sind die Sündenböcke nicht nur passive Opfer; sie tragen auch zur Aufrechterhaltung des sozialen Gefüges bei, indem sie unbewusst die Rolle des Außenseiters übernehmen. Diese Rolle kann tiefere psychologische Wurzeln haben, die bis in die Kindheit zurückreichen. Eltern, Lehrer oder Peers können durch ihre eigenen Verhaltensweisen und Vorurteile dazu beitragen, dass bestimmte Individuen als Sündenböcke auserkoren werden. Dies verstärkt die soziale Isolation und das Stigma, das mit der Rolle des Sündenbocks verbunden ist.

Die Auswirkungen auf den Selbstwert des Opfers sind gravierend. Ständige Abwertung und Mobbing führen zu einem Rückgang des Selbstwertgefühls und können psychische Erkrankungen wie Depressionen oder Angststörungen hervorrufen. Der Sündenbock wird oft zum Symbol für das, was in der Gemeinschaft nicht funktioniert, und wird dadurch weiter marginalisiert. Die Gesellschaft neigt dazu, die Verantwortung für die Mobbing-Dynamik zu ignorieren, was den Kreislauf des Missbrauchs perpetuiert.

Um diesen Teufelskreis zu durchbrechen, ist es entscheidend, ein Bewusstsein für die Mechanismen zu schaffen, die zur Suche nach Sündenböcken führen. Bildung und Aufklärung über Mobbing und dessen psychologische Hintergründe sind nötig, um Empathie zu fördern und eine unterstützende Gemeinschaft zu schaffen. Die Auseinandersetzung mit den eigenen Komplexen und Schwächen kann nicht nur den Mobbern helfen, sondern auch dazu beitragen, dass die gesamte Gemeinschaft gesünder und resilienter wird.

Beispiele aus Schule, Arbeitsplatz und Gesellschaft

In Schulen ist Mobbing ein weit verbreitetes Phänomen, das oft in Form von Ausschluss, Verleumdung oder körperlicher Aggression auftritt. Schülerinnen und Schüler, die sich von der Gruppe abheben oder eine andere soziale oder kulturelle Herkunft haben, werden häufig zu Sündenböcken erklärt. Diese Dynamik entsteht nicht nur aus dem Bedürfnis nach sozialer Zugehörigkeit, sondern auch aus der Angst vor dem Unbekannten. Lehrkräfte stehen oft vor der Herausforderung, solche Konflikte zu erkennen und effektiv zu intervenieren. Die Schaffung eines respektvollen und inklusiven Schulklimas ist entscheidend, um Mobbing vorzubeugen und das Selbstwertgefühl aller Schülerinnen und Schüler zu stärken.

Am Arbeitsplatz zeigt sich Mobbing häufig in Form von gezieltem Ausschluss von Informationen, ungerechtfertigten Kritik oder der Verbreitung von Gerüchten. Mitarbeiter, die als Bedrohung für die bestehende Hierarchie oder als unbequem wahrgenommen werden, werden oft ins Visier genommen. Dies geschieht nicht nur, um

Machtverhältnisse zu sichern, sondern auch, um die eigenen Unsicherheiten und Komplexe zu kompensieren. Ein gesundes Arbeitsumfeld erfordert daher eine offene Kommunikation und eine Unternehmenskultur, die Vielfalt schätzt und wertschätzt. Führungskräfte spielen eine Schlüsselrolle, indem sie ein Klima schaffen, in dem Mobbing keinen Platz hat.

In der Gesellschaft finden sich ebenfalls Beispiele für Mobbing-Mechanismen, die oft in der politischen Rhetorik und den sozialen Medien sichtbar werden. Hier werden bestimmte Gruppen oder Einzelpersonen als Sündenböcke für gesellschaftliche Probleme dargestellt. Diese Zuschreibungen sind nicht nur schädlich für die Betroffenen, sondern fördern auch ein toxisches Klima der Angst und des Misstrauens. Die Gründe für solches Verhalten sind vielfältig, einschließlich des menschlichen Bedürfnisses, Verantwortung abzugeben und eigene Fehler nicht eingestehen zu müssen. Es ist wichtig, gegen diese Tendenzen anzugehen und eine Kultur der Empathie und des Dialogs zu fördern.

Ein zentrales Thema in der Diskussion über Mobbing ist das Verständnis der Motive hinter dem Verhalten der

Mobber. Oft sind diese Personen selbst von Unsicherheiten und einem geringen Selbstwertgefühl betroffen. Die Suche nach einem Schuldigen dient als Ventil für eigene Ängste und Versagen. Indem sie andere herabsetzen, versuchen sie, ihr eigenes Selbstbild zu verbessern. Dies verdeutlicht die Notwendigkeit, nicht nur die Opfer zu unterstützen, sondern auch präventive Maßnahmen zu ergreifen, um das Bewusstsein für die eigenen Schwächen und die Auswirkungen von Mobbing zu schärfen.

Die Bekämpfung von Mobbing erfordert einen ganzheitlichen Ansatz, der alle gesellschaftlichen Ebenen einbezieht. Schulen, Unternehmen und die Gesellschaft als Ganzes müssen zusammenarbeiten, um Strukturen zu schaffen, die Mobbing verhindern und ein respektvolles Miteinander fördern. Durch Bildung, Aufklärung und die Förderung eines positiven Selbstwertgefühls können wir die Wurzeln von Mobbing angehen und eine Umgebung schaffen, in der jeder Mensch wertgeschätzt und akzeptiert wird. Der Weg zu einer mobbingfreien Gesellschaft beginnt mit dem Verständnis und der Akzeptanz unserer eigenen Komplexe und der Bereitschaft, Verantwortung für unser Handeln zu übernehmen.

Kapitel 16: Auswirkungen von Mobbing auf das Opfer

Psychologische Folgen

Psychologische Folgen von Mobbing sind weitreichend und betreffen sowohl die Opfer als auch die Täter. Für die Opfer kann Mobbing zu einem erheblichen Rückgang des Selbstwertgefühls führen. Sie fühlen sich oft isoliert, ausgegrenzt und wertlos. Diese ständige Abwertung kann nicht nur das Selbstbild dauerhaft schädigen, sondern auch zu ernsthaften psychischen Erkrankungen wie Depressionen und Angststörungen führen. Die Betroffenen entwickeln häufig ein tief sitzendes Misstrauen gegenüber anderen Menschen und ziehen sich in soziale Isolation zurück, was die Situation noch verschärft.

Auf der anderen Seite stehen die Mobber selbst, die häufig mit ihren eigenen psychischen Problemen kämpfen. Viele Mobber sind unsicher und versuchen, durch das Herabsetzen anderer ihr eigenes Selbstwertgefühl zu steigern. Diese Verhaltensweisen sind oft Symptome von tiefen emotionalen Konflikten oder unbewussten Komplexen. Sie projizieren ihre eigenen Unsicherheiten auf andere, um sich über sie zu erheben. Diese Dynamik führt dazu, dass Mobber in einem Teufelskreis gefangen sind, in dem sie immer wieder auf andere herabsehen müssen, um sich selbst zu stabilisieren.

Ein weiterer psychologischer Aspekt ist die Gruppendynamik, die Mobbing oft verstärkt. In vielen Fällen wird Mobbing nicht nur von Einzelnen, sondern von Gruppen ausgeübt, die sich zusammenschließen, um ein gemeinsames Ziel zu verfolgen. Dies kann das Gefühl der Kontrolle und Zugehörigkeit innerhalb der Gruppe stärken, während gleichzeitig das Opfer weiter gedemütigt wird. Die Gruppendynamik kann auch dazu führen, dass Mobber weniger Verantwortung für ihr Verhalten übernehmen, da sie sich in der Masse verstecken können. Diese kollektive Verantwortungslosigkeit ist ein gefährlicher Aspekt, der die psychologischen Folgen von Mobbing verstärkt.

Die psychologischen Folgen von Mobbing sind nicht nur kurzfristig. Langfristige Auswirkungen können das gesamte Leben der Betroffenen beeinflussen. Viele Menschen, die Mobbing erfahren haben, kämpfen noch Jahre später mit den Folgen. Sie können Schwierigkeiten haben, vertrauensvolle Beziehungen aufzubauen oder sich in sozialen Situationen wohlzufühlen. Diese anhaltenden Probleme können auch zu einem negativen Kreislauf führen, in dem die Betroffenen weiterhin Opfer von Mobbing oder anderen Formen der Diskriminierung werden, da sie sich nicht in der Lage sehen, sich zu wehren oder sich zu behaupten.

Insgesamt zeigt sich, dass die psychologischen Folgen von Mobbing sowohl komplex als auch vielschichtig sind. Während die Opfer unter den direkten Konsequenzen leiden, sind auch die Mobber nicht frei von psychologischen Problemen. Ein Verständnis für die zugrunde liegenden Ursachen und Dynamiken ist entscheidend, um die Kreisläufe von Mobbing zu durchbrechen und sowohl den Opfern als auch den Tätern zu helfen, ihre psychologischen Herausforderungen zu bewältigen. Ein gezielter Umgang mit diesen Themen kann dazu beitragen, ein gesundes und respektvolles Miteinander zu fördern und die psychologischen Folgen von Mobbing zu minimieren.

Auswirkungen auf das Selbstwertgefühl

Das Selbstwertgefühl spielt eine zentrale Rolle im Leben eines Individuums und wird durch verschiedene Faktoren beeinflusst, insbesondere durch soziale Interaktionen. Mobbing hat eine tiefgreifende Auswirkung auf das Selbstwertgefühl der Opfer. Wenn jemand kontinuierlich schikaniert wird, führt dies oft zu einem Abbau des Selbstwerts. Die betroffenen Personen beginnen, an ihrem Wert zu zweifeln, was sich negativ auf ihre mentale Gesundheit und ihr allgemeines Wohlbefinden auswirkt. Diese Abwertung des Selbstwertgefühls kann sich über Jahre hinweg manifestieren und zu langfristigen psychischen Problemen führen.

Die Dynamik zwischen Mobbern und Opfern ist häufig von einem Ungleichgewicht geprägt. Mobber suchen nach einem Schuldigen, um ihre eigenen Unsicherheiten und Komplexe zu kompensieren. Indem sie andere herabsetzen, versuchen sie, sich selbst eine höhere Position in der sozialen Hierarchie zu verschaffen. Dieses Verhalten kann auf tief verwurzelte Ängste und Minderwertigkeitsgefühle hinweisen, die sie durch das Mobbing zu verbergen versuchen. Die Tatsache, dass sie andere verletzen, um sich besser zu fühlen, verstärkt das Gefühl der Schuld und kann ihr eigenes Selbstwertgefühl paradox erhöhen.

Die Auswirkungen von Mobbing auf das Selbstwertgefühl sind nicht nur auf die unmittelbaren Opfer beschränkt. Auch die Zeugen von Mobbing können betroffen sein. Sie erleben ein Gefühl der Ohnmacht, wenn sie nicht eingreifen können oder sich nicht trauen, sich zu positionieren. Dies kann zu einem inneren Konflikt führen, der ebenfalls das eigene Selbstwertgefühl beeinträchtigt. Die Beobachtung von Mobbing kann das Gefühl der sozialen Zugehörigkeit und Sicherheit in einer Gruppe untergraben, wodurch sich auch bei den Zeugen Gefühle von Unsicherheit und Angst einstellen können.

Ein weiterer Aspekt sind die sozialen Konsequenzen für die Opfer. Ein niedriges Selbstwertgefühl kann dazu führen, dass betroffene Personen soziale Kontakte meiden und sich zurückziehen. Isolation kann wiederum das Gefühl der Einsamkeit verstärken und den Teufelskreis des negativen Selbstbildes weiterführen. Das Gefühl, nicht akzeptiert oder gemocht zu werden, kann in einem ständigen Kreislauf von Selbstzweifeln und Angst münden. Die Entwicklung von sozialen Fähigkeiten wird behindert, was die Integration in verschiedene soziale Gruppen erschwert.

Die Überwindung der Auswirkungen von Mobbing auf das Selbstwertgefühl erfordert Zeit und Unterstützung. Therapeutische Ansätze, die auf Selbstwertsteigerung abzielen, können einen entscheidenden Beitrag leisten. Es ist wichtig, dass Betroffene lernen, ihre Erfahrungen zu verarbeiten und ein positives Selbstbild wieder aufzubauen. In diesem Kontext ist auch die Rolle von Schulen und Gemeinschaften von großer Bedeutung, um ein Umfeld zu schaffen, das Mobbing vorbeugt und ein gesundes Selbstwertgefühl fördert. Nur durch eine gemeinsame Anstrengung kann es gelingen, die negativen Auswirkungen von Mobbing auf das Selbstwertgefühl nachhaltig zu bekämpfen.

Langfristige Folgen für das Leben der Betroffenen

Die langfristigen Folgen von Mobbing sind oft gravierender, als es auf den ersten Blick erscheinen mag. Für die Betroffenen können die psychischen und physischen Folgen Jahre, wenn nicht sogar ein Leben lang, anhalten. Viele Opfer erleben eine signifikante Abnahme ihres Selbstwertgefühls, was zu einer tiefen Verunsicherung führt. Diese emotionalen Narben können sich in Form von Angststörungen, Depressionen und anderen psychischen Erkrankungen manifestieren. Das Gefühl, ständig unter Druck zu stehen und nicht gut genug zu sein, kann den Alltag stark belasten.

Ein weiterer Aspekt der langfristigen Folgen sind die sozialen Auswirkungen. Mobbingopfer ziehen sich häufig aus sozialen Aktivitäten zurück. Das Vertrauen in andere Menschen wird erschüttert, was dazu führt, dass Betroffene Schwierigkeiten haben, neue Freundschaften zu schließen oder bestehende Beziehungen aufrechtzuerhalten. Die Isolation kann sich verstärken und das Gefühl der Einsamkeit intensivieren, was die psychische Belastung zusätzlich erhöht. In vielen Fällen führt dies zu einem Teufelskreis, der die Rückkehr zu einem normalen sozialen Leben nahezu unmöglich macht.

Berufliche Perspektiven können ebenfalls stark beeinträchtigt werden. Die durch Mobbing verursachten psychischen Probleme können die Leistungsfähigkeit am Arbeitsplatz erheblich verringern. Betroffene kämpfen oft mit Konzentrationsschwierigkeiten und einem anhaltenden Gefühl der Unzulänglichkeit. Dies kann zu häufigen Fehlzeiten oder sogar zu einem vorzeitigen Ausscheiden aus dem Berufsleben führen. Die langfristigen Folgen auf die Karriere können dazu führen, dass die Betroffenen in ihrer beruflichen Entwicklung stagnieren oder sich in weniger erfüllenden Berufen wiederfinden.

Zusätzlich zu den psychischen und sozialen Folgen kommt es häufig zu physischen Beschwerden, die im Zusammenhang mit den Erfahrungen von Mobbing stehen. Stress, Angst und Depressionen können zu körperlichen Symptomen wie Schlafstörungen, Kopfschmerzen oder sogar chronischen Erkrankungen führen. Die ständige Anspannung und der Stress, die mit Mobbing einhergehen, können somit nicht nur die mentale Gesundheit, sondern auch die körperliche Gesundheit der Betroffenen langfristig schädigen.

Insgesamt ist es entscheidend, die langfristigen Folgen von Mobbing ernst zu nehmen und zu verstehen, dass sie weit über die unmittelbaren Erfahrungen hinausgehen. Die Gesellschaft muss sich stärker mit den Ursachen von Mobbing auseinandersetzen und

Betroffenen Unterstützung bieten, um die negativen Auswirkungen zu mildern. Nur durch ein umfassendes Verständnis und eine aktive Auseinandersetzung mit dem Thema können wir dazu beitragen, dass Mobbingopfer die nötige Hilfe erhalten, um ihre Lebensqualität zurückzugewinnen.

Kapitel 17: Der Mobber und seine Komplexe

Die eigene Unsicherheit und deren Ausdruck

Unsicherheit ist ein universelles Gefühl, das viele Menschen in unterschiedlichen Lebensphasen empfinden. In der Schule, am Arbeitsplatz oder im sozialen Umfeld kann sie sich in verschiedenen Formen zeigen. Oft sind es diese inneren Zweifel, die Menschen dazu bringen, nach außen hin aggressiv oder beleidigend zu agieren. Mobber projizieren ihre eigenen Unsicherheiten auf andere, um von ihren eigenen Schwächen abzulenken. Dieses Verhalten ist nicht nur schädlich für die Opfer, sondern auch für die Mobber selbst, die sich in einem Teufelskreis aus Angst und Machtspielen befinden.

Die Suche nach einem Sündenbock ist ein häufiges Muster, das im Kontext von Mobbing auftritt. Mobber fühlen sich oft bedroht oder unzulänglich und versuchen, ihre eigene Schwäche durch das Herabsetzen anderer zu kompensieren. Sie erkennen möglicherweise nicht, dass ihre Angriffe auf andere nicht nur das Selbstwertgefühl ihrer Opfer zerstören, sondern auch ihre eigene Unsicherheit verstärken. Indem sie andere erniedrigen, glauben sie, vorübergehend die Kontrolle über ihre eigene verletzliche Psyche zu gewinnen. Dies führt jedoch zu einer verstärkten Isolation und inneren Unruhe, anstatt die gewünschten Gefühle der Stärke und Sicherheit zu vermitteln.

Ein weiterer Aspekt der Unsicherheit ist die Angst vor Ablehnung. Mobber könnten in ihrem eigenen Leben häufig mit Ablehnung konfrontiert worden sein, sei es durch Mitschüler, Lehrer oder andere Autoritätspersonen. Diese Erfahrungen können zu einem tiefen Gefühl der Minderwertigkeit führen. Um sich vor erneutem Schmerz zu schützen, versuchen sie, ihre Überlegenheit über andere zu etablieren. Dieses Bedürfnis, sich selbst zu beweisen, steht in direktem Zusammenhang mit der Art und Weise, wie sie ihre Unsicherheiten ausdrücken. Oft geschieht dies durch verbale Angriffe, Ausschluss oder andere Formen der sozialen Manipulation.

Das Verständnis dieser Dynamik ist entscheidend, um den Kreislauf des Mobbings zu durchbrechen. Indem wir die Gründe hinter dem Verhalten der Mobber erkennen, können wir sowohl Opfern als auch Tätern helfen, ihre Unsicherheiten besser zu bewältigen. Es ist wichtig, eine Umgebung zu schaffen, in der Menschen offen über ihre Ängste und Zweifel sprechen können, ohne Angst vor Stigmatisierung oder Verurteilung. Schulungen zur sozialen und emotionalen Intelligenz können dazu beitragen, ein Bewusstsein für diese Themen zu schaffen und die Kommunikationsfähigkeiten aller Beteiligten zu verbessern.

Letztendlich erfordert der Umgang mit Unsicherheit und deren Ausdruck ein hohes Maß an Empathie und Verständnis. Menschen, die mit ihren eigenen Unsicherheiten kämpfen, benötigen Unterstützung, um gesundere Wege zu finden, sich auszudrücken und mit ihren Emotionen umzugehen. Gleichzeitig sollten wir uns als Gesellschaft darauf konzentrieren, Mobbing zu bekämpfen, indem wir ein Umfeld fördern, in dem jeder Mensch wertgeschätzt wird. Nur durch die

Anerkennung und das Verständnis der eigenen Unsicherheiten können wir zu einem respektvollen Miteinander gelangen und das Phänomen des Mobbings nachhaltig reduzieren.

Mobbing als Abwehrmechanismus

Mobbing als Abwehrmechanismus ist ein weit verbreitetes Phänomen, das in verschiedenen sozialen Kontexten auftritt. Oft wird Mobbing als eine Reaktion auf eigene Unsicherheiten und Ängste der Mobber betrachtet. Sie projizieren ihre inneren Konflikte und Komplexe auf andere, um von ihren eigenen Schwächen abzulenken. In diesem Sinne dient Mobbing nicht nur der Verletzung des Opfers, sondern auch der Selbstschutzstrategie des Mobbers. Die Suche nach einem Sündenbock wird somit zu einem Mittel, um die eigene Vulnerabilität zu verbergen und das Selbstwertgefühl zu stabilisieren.

Die Psychologie hinter dem Mobbing zeigt, dass Mobber oft selbst mit einer Vielzahl von Problemen kämpfen. Diese können von niedrigem Selbstwertgefühl über emotionale Instabilität bis hin zu sozialen Ängsten reichen. Indem sie andere angreifen, versuchen sie, ihre eigene Überlegenheit zu demonstrieren und sich in der sozialen Hierarchie zu positionieren. Diese Dynamik wird häufig in schulischen und beruflichen Umgebungen beobachtet, wo der Druck, sich zu beweisen, enorm ist. Der Mobber sucht durch das Herabsetzen anderer nach Bestätigung und Kontrolle über seine Umwelt.

Ein weiterer Aspekt des Mobbings als Abwehrmechanismus ist die Rolle von Gruppenzugehörigkeit und sozialen Normen. Mobber fühlen sich oft in Gruppen bestärkt, die ein gemeinsames Feindbild schaffen. Durch das Mobbing eines anderen Mitglieds der Gruppe können sie sich gegenseitig stärken und ein Gefühl der Zugehörigkeit erzeugen. Diese Gruppendynamik verstärkt die Tendenz, einen Schuldigen zu suchen, da dies den Zusammenhalt innerhalb der Gruppe fördert und von den eigenen Unsicherheiten ablenkt. Die Dynamik wird zu einem Teufelskreis, in dem das Mobbing weitergeht, um die eigenen Ängste und Unsicherheiten zu maskieren.

Das Verständnis von Mobbing als Abwehrmechanismus ist entscheidend für die

Entwicklung von Strategien zur Prävention und Intervention. Es erfordert ein gezieltes Augenmerk auf die Emotionen und Bedürfnisse der Mobber, um ihnen alternative Wege aufzuzeigen, mit ihren eigenen Problemen umzugehen. Bildungseinrichtungen und Organisationen sollten Programme implementieren, die nicht nur auf die Opfer von Mobbing abzielen, sondern auch auf die Mobber selbst. Durch Empathie und emotionale Intelligenz kann ein Umfeld geschaffen werden, in dem das Bedürfnis nach Mobbing verringert wird.

Abschließend lässt sich festhalten, dass Mobbing als Abwehrmechanismus ein komplexes Phänomen ist, das tiefere psychologische Ursachen hat. Die Suche nach einem Sündenbock ist oft ein Ausdruck unverarbeiteter innerer Konflikte und ein Versuch, das eigene Selbstwertgefühl zu schützen. Indem wir diese Dynamiken verstehen und angehen, können wir nicht nur den Opfern helfen, sondern auch den Mobbern die Möglichkeit geben, ihre eigenen Probleme zu erkennen und zu bewältigen. Ein ganzheitlicher Ansatz ist notwendig, um die Wurzeln des Mobbings zu bekämpfen und ein respektvolles Miteinander zu fördern.

Die Rolle von Emotionen im Mobbingverhalten

Emotionen spielen eine zentrale Rolle im Mobbingverhalten, sowohl bei den Opfern als auch bei den Tätern. Bei Mobbern sind es häufig tief verwurzelte Unsicherheiten und emotionale Probleme, die sie dazu treiben, andere herabzusetzen und zu schikanieren. Diese Emotionen können von Angst über Ablehnung bis hin zu einem übersteigerten Bedürfnis nach Macht und Kontrolle reichen. Oftmals projizieren Mobber ihre eigenen inneren Konflikte auf andere, um sich selbst besser zu fühlen. Das Mobbing wird somit zu einem Ventil für ihre eigenen emotionalen Kämpfe und dient als eine Art Abwehrmechanismus gegen ihre eigenen Schwächen.

Für die Opfer von Mobbing sind Emotionen ebenfalls von entscheidender Bedeutung. Sie erleben häufig intensive Gefühle wie Angst, Scham, Traurigkeit und Isolation. Diese Emotionen können zu einem verminderten Selbstwertgefühl führen und die Fähigkeit der Betroffenen beeinträchtigen, soziale Kontakte aufrechtzuerhalten. Die ständige Auseinandersetzung mit negativen Emotionen kann nicht nur das psychische Wohlbefinden der Opfer untergraben, sondern auch ihre schulischen und beruflichen Leistungen beeinträchtigen. In vielen Fällen können diese Erfahrungen langfristige psychologische Folgen haben, die über die Schulzeit hinausreichen.

Die Suche nach einem Sündenbock ist ein häufiges Phänomen im Kontext von Mobbing. Mobber neigen dazu, andere für ihre eigenen Unzulänglichkeiten verantwortlich zu machen, um von ihren eigenen Problemen abzulenken. Diese Projektion von Schuld ist ein Versuch, Kontrolle über eine Situation zu gewinnen, die sie als bedrohlich empfinden. Durch das Herabsetzen einer anderen Person können sie temporär ein Gefühl von Überlegenheit und Macht erlangen. Dieses Verhalten wird oft durch soziale Dynamiken innerhalb von Gruppen verstärkt, wo das Bedürfnis nach Zugehörigkeit und Identität zu einem verstärkten Druck führt, sich über andere zu stellen.

Emotionen beeinflussen auch die Reaktionen von Zeugen und Mitläufern in Mobbingsituationen. Oftmals fühlen sich Beobachter in einem Dilemma: Sie möchten nicht in den Konflikt involviert werden, haben aber gleichzeitig Mitgefühl für das Opfer. Diese ambivalenten Emotionen können dazu führen, dass sie untätig bleiben, was das Mobbing verstärkt. Der Druck, sich einer Gruppe anzupassen, kann dazu führen, dass sie die Mobber unterstützen, auch wenn sie das Verhalten ablehnen. Diese Dynamik zeigt, wie tief Emotionen in das Mobbingverhalten verwoben sind und wie wichtig es ist, die emotionale Landschaft in solchen Situationen zu verstehen.

Die Auseinandersetzung mit den eigenen Emotionen ist ein entscheidender Schritt, um Mobbing zu verstehen und zu bekämpfen. Sowohl Mobber als auch Opfer müssen lernen, ihre Emotionen zu erkennen und zu verarbeiten. Programme zur emotionalen Intelligenz in Schulen und Gemeinschaften können helfen, ein besseres Verständnis für die eigenen und die Emotionen anderer zu entwickeln. Indem man die Ursachen von Mobbing und die emotionale Komplexität, die damit einhergeht, beleuchtet, kann man Wege finden, um Mobbing zu reduzieren und ein unterstützenderes und empathischeres Umfeld zu schaffen.

Kapitel 18: Strategien gegen Mobbing

Prävention und Früherkennung

Prävention und Früherkennung sind entscheidende Aspekte im Umgang mit Mobbing. Um die Dynamiken des Mobbings zu verstehen, ist es wichtig, die Mechanismen zu erkennen, die zu diesem Verhalten führen. Oft sind Mobber selbst mit inneren Konflikten und Unsicherheiten konfrontiert, die sie dazu treiben, andere zu schikanieren, um ihre eigenen Komplexe zu kompensieren. Eine frühzeitige Identifikation dieser Verhaltensmuster kann helfen, Mobbing vorzubeugen und die betroffenen Personen zu unterstützen.

Ein wichtiger Schritt in der Prävention ist die Förderung eines positiven Schul- oder Arbeitsumfeldes, in dem Wertschätzung und Respekt im Vordergrund stehen. Programme zur sozialen und emotionalen Bildung können dazu beitragen, das Bewusstsein für Mobbing zu schärfen und Empathie zu fördern. Indem wir soziale Kompetenzen stärken und ein Klima der Offenheit schaffen, können wir eine Kultur etablieren, in der Mobbing weniger Raum hat und in der sich Opfer sicher fühlen, ihre Erfahrungen zu teilen.

Früherkennung ist ein weiterer Schlüssel zur Bekämpfung von Mobbing. Lehrer, Eltern und Vorgesetzte sollten geschult werden, um Anzeichen von Mobbing zu erkennen. Dazu gehören Veränderungen im Verhalten, Rückzug oder plötzliche Leistungsabfälle. Eine offene Kommunikation zwischen den Beteiligten ist unerlässlich. Wenn Opfer sich ermutigt fühlen, über ihre Erlebnisse zu sprechen, können rechtzeitig Maßnahmen ergriffen werden, um die Situation zu entschärfen und Unterstützung anzubieten.

Die Rolle der Mitschüler oder Kollegen darf ebenfalls nicht unterschätzt werden. Oft sind sie die ersten, die Mobbing beobachten. Daher ist es wichtig, sie in die Präventionsstrategien einzubeziehen. Durch Schulungen und Workshops können sie lernen, wie sie sich verhalten sollen, wenn sie Mobbing beobachten. Peer-Mediation kann auch eine effektive Methode sein, um Konflikte zu lösen und eine unterstützende Gemeinschaft zu bilden, die Mobbing aktiv entgegenwirkt.

Abschließend lässt sich sagen, dass Prävention und Früherkennung von Mobbing nicht nur individuelle Maßnahmen erfordern, sondern ein gemeinschaftliches

Engagement. Die Gesellschaft als Ganzes ist gefragt, ein Umfeld zu schaffen, in dem Mobbing keinen Platz hat. Indem wir die Ursachen von Mobbing verstehen und die Betroffenen unterstützen, können wir nachhaltige Veränderungen bewirken und einen positiven Einfluss auf das Miteinander ausüben.

Interventionstechniken

Interventionstechniken sind entscheidend, um Mobbing in verschiedenen Kontexten zu erkennen und zu bekämpfen. Ein wesentlicher Aspekt dieser Techniken ist die Sensibilisierung der Betroffenen sowie der Zuschauer. Es ist wichtig, dass alle Beteiligten verstehen, was Mobbing ist und welche Auswirkungen es auf die Opfer hat. Schulungen und Workshops können helfen, ein Bewusstsein für die Dynamik von Mobbing zu schaffen und die Fähigkeit zur Empathie zu fördern. Hierbei sollten auch die Rolle des Mobbers und die Beweggründe hinter seinem Verhalten thematisiert werden, um ein umfassenderes Verständnis für die Situation zu entwickeln.

Ein weiterer wichtiger Ansatz ist die Förderung von sozialen Kompetenzen. Durch gezielte Interventionen können sowohl Täter als auch Opfer lernen, besser mit ihren Emotionen umzugehen und Konflikte konstruktiv zu lösen. Programme zur Konfliktbewältigung bieten Werkzeuge, um Missverständnisse zu klären und eine offene Kommunikation zu fördern. Diese Techniken helfen nicht nur, Mobbing zu reduzieren, sondern stärken auch das Selbstwertgefühl der Beteiligten, was langfristig zu einem besseren sozialen Klima führen kann.

Zudem ist es von Bedeutung, ein unterstützendes Umfeld zu schaffen, in dem Mobbing nicht toleriert wird. Dies kann durch klare Richtlinien und Verhaltensnormen geschehen, die in Schulen und Arbeitsplätzen etabliert werden. Interventionstechniken sollten auch die Schaffung sicherer Räume umfassen, in denen Betroffene offen über ihre Erfahrungen sprechen können, ohne Angst vor Repressalien zu haben. Die Unterstützung durch Gleichaltrige und Fachkräfte spielt eine zentrale Rolle, um den Opfern zu helfen, ihre Stimme zu erheben und sich gegen ungerechtes Verhalten zu wehren.

Nicht zu vernachlässigen ist die Rolle der Beobachter. Interventionstechniken müssen auch darauf abzielen, Zeugen von Mobbing zu ermutigen, aktiv zu werden. Oftmals fühlen sich Menschen in solchen Situationen machtlos oder aus Angst vor sozialer Isolation zurückhaltend. Daher sollten Programme entwickelt werden, die das Engagement der Zuschauer fördern und ihnen zeigen, wie sie in kritischen Momenten eingreifen können. Diese Techniken verstärken das Gefühl von Gemeinschaft und Verantwortung und können dazu beitragen, die Mobber zu isolieren.

Abschließend lässt sich festhalten, dass Interventionstechniken ein fundamentales Element im Kampf gegen Mobbing darstellen. Sie bieten nicht nur Strategien zur Prävention und Intervention, sondern stärken auch das individuelle und kollektive Selbstwertgefühl. Indem wir ein Umfeld schaffen, das auf Empathie, Respekt und offener Kommunikation basiert, können wir die Ursachen von Mobbing angehen und gleichzeitig den Opfern helfen, ihre Erfahrungen zu verarbeiten und zu überwinden. Der Schlüssel liegt darin, alle Beteiligten in den Prozess einzubeziehen und gemeinsam an einer Lösung zu arbeiten, die langfristig wirksam ist.

Förderung eines positiven Selbstwertgefühls

Ein positives Selbstwertgefühl ist entscheidend für das persönliche Wohlbefinden und die soziale Interaktion. In einer Gesellschaft, in der Mobbing häufig vorkommt, spielt das Selbstwertgefühl eine zentrale Rolle. Menschen mit einem hohen Selbstwertgefühl sind weniger anfällig für Mobbing, da sie sich ihrer Werte und Fähigkeiten bewusst sind. Diese innere Stärke ermöglicht es ihnen, sich von den negativen Einflüssen anderer abzugrenzen und sich selbst zu schützen. Daher ist es wichtig, Strategien zur Förderung eines positiven Selbstwertgefühls zu entwickeln, um sowohl potenzielle Opfer als auch Täter in ihrer sozialen Entwicklung zu unterstützen.

Ein zentraler Aspekt der Stärkung des Selbstwertgefühls ist die Selbstakzeptanz. Menschen müssen lernen, sich selbst zu schätzen und ihre eigenen Stärken und Schwächen zu erkennen. Dies kann durch positive Bestärkung und Feedback von Freunden, Familie und Lehrern gefördert werden. Wenn Individuen in einem unterstützenden Umfeld aufwachsen, in dem ihre Leistungen anerkannt werden, kann dies das Selbstwertgefühl erheblich steigern. Ein Umfeld, das auf Ermutigung und Akzeptanz basiert, hilft, das Vertrauen in die eigenen Fähigkeiten zu stärken und das Gefühl der Zugehörigkeit zu fördern.

Ein weiterer wichtiger Faktor ist die Förderung von sozialen Fähigkeiten. Menschen, die lernen, effektiv zu kommunizieren und gesunde Beziehungen aufzubauen, sind oft besser in der Lage, Konflikte zu lösen und sich gegen Mobbing zu wehren. Schulen und Gemeinschaften sollten Programme entwickeln, die soziale Kompetenz und emotionales Lernen vermitteln. Diese Programme können den Menschen helfen, Empathie zu entwickeln und sich in andere hineinzuversetzen, was wiederum die Bereitschaft vermindert, andere zu mobben. Wenn das Verständnis für die Auswirkungen von Mobbing auf das Opfer wächst, kann dies zu einem positiven Wandel in der Gemeinschaft führen.

Zusätzlich ist es wichtig, die Rolle von Vorbildern zu betrachten. Erwachsene, die ein positives Selbstwertgefühl ausstrahlen, können als Vorbilder für jüngere Generationen dienen. Wenn Kinder und Jugendliche sehen, wie Erwachsene mit Herausforderungen umgehen und sich selbst respektieren, lernen sie, dies ebenfalls zu tun. Mentoring-Programme und positive Beziehungen zu

Erwachsenen können dazu beitragen, das Selbstwertgefühl junger Menschen zu stärken und sie in ihrer persönlichen Entwicklung zu unterstützen. Die Verbindung zwischen Vorbildern und dem Selbstwertgefühl ist von entscheidender Bedeutung für die Prävention von Mobbing.

Abschließend lässt sich sagen, dass die Förderung eines positiven Selbstwertgefühls ein wesentlicher Bestandteil der Bekämpfung von Mobbing ist. Durch die Schaffung unterstützender Umgebungen, die Stärkung sozialer Fähigkeiten und die Bereitstellung positiver Vorbilder können wir eine Kultur entwickeln, die Mobbing ablehnt und stattdessen Respekt und Wertschätzung fördert. Die Investition in das Selbstwertgefühl, sowohl bei Opfern als auch bei Tätern, ist eine entscheidende Maßnahme, um die Dynamik des Mobbings zu verändern und eine harmonischere und empathischere Gesellschaft zu schaffen.

Kapitel 19: Unterstützung für Betroffene und Mobber

Hilfsangebote für Mobbingopfer

Hilfsangebote für Mobbingopfer sind entscheidend, um den Betroffenen Unterstützung und eine Stimme zu geben. In vielen Fällen fühlen sich Mobbingopfer isoliert und hilflos. Daher ist es wichtig, dass Schulen, Institutionen und Organisationen gezielte Programme anbieten, die den Opfern helfen, ihre Erfahrungen zu verarbeiten und Strategien zu entwickeln, um mit der Situation umzugehen. Dazu gehören Beratungsangebote, Selbsthilfegruppen und Workshops, die auf die Bedürfnisse der Betroffenen zugeschnitten sind.

Ein zentraler Bestandteil der Hilfsangebote sind professionelle Beratungsstellen, die speziell auf Mobbingopfer ausgerichtet sind. Diese Stellen bieten vertrauliche Gespräche an, in denen die Opfer ihre Erlebnisse schildern können. Die Berater können den Betroffenen helfen, ihre Gefühle zu sortieren und Wege aufzeigen, wie sie die Situation verändern können. Oftmals wird in diesen Beratungen auch darauf eingegangen, wie die Opfer ihr Selbstwertgefühl stärken können, um besser mit den Angreifern umzugehen.

Neben individuellen Beratungen sind auch Selbsthilfegruppen von großer Bedeutung. In diesen Gruppen treffen sich Betroffene, um ihre Erfahrungen auszutauschen und sich gegenseitig zu unterstützen. Der Kontakt zu Gleichgesinnten kann helfen, das Gefühl der Isolation zu überwinden und das Selbstbewusstsein zu stärken. Die Teilnehmer lernen, dass sie mit ihren Problemen nicht alleine sind und dass es Möglichkeiten gibt, die eigene Situation zu verbessern.

Ein weiterer wichtiger Aspekt sind präventive Maßnahmen in Schulen und am Arbeitsplatz. Viele Institutionen bieten Schulungen und Workshops an, die sich mit dem Thema Mobbing auseinandersetzen. Diese Programme sollen nicht nur Mobbingopfer unterstützen, sondern auch Mobber sensibilisieren und deren Verhalten hinterfragen. Durch Aufklärung und Sensibilisierung kann ein respektvolleres Miteinander gefördert werden, was langfristig zur Reduzierung von Mobbing beitragen kann.

Zusätzlich sind Online-Ressourcen eine wertvolle Unterstützung für Mobbingopfer. Zahlreiche Websites und Plattformen bieten Informationen, Anlaufstellen und Foren, in denen Betroffene ihre Geschichten teilen können. Diese digitalen Hilfsangebote ermöglichen es den Opfern, anonym Hilfe zu suchen und sich über ihre Rechte und Möglichkeiten zu informieren. Durch die Kombination aus persönlicher Beratung und digitalen Ressourcen wird ein umfassendes Unterstützungsnetzwerk geschaffen, das den Opfern von Mobbing eine wichtige Rückendeckung bietet.

Unterstützung für Mobber zur Selbstreflexion

Die Reflexion über das eigene Verhalten ist ein entscheidender Schritt für Mobber, um die zugrunde liegenden Ursachen für ihr Handeln zu verstehen. Oft agieren Mobber aus einer Position der Unsicherheit oder des Mangels an Selbstwertgefühl. Indem sie andere herabsetzen, versuchen sie, ihre eigene Überlegenheit zu demonstrieren und somit ihre eigenen Komplexe zu kaschieren. Eine strukturierte Unterstützung zur Selbstreflexion kann helfen, diese

Dynamiken zu durchbrechen und ein Bewusstsein für das eigene Verhalten zu schaffen.

Es ist wichtig, Mobbern einen Raum zu bieten, in dem sie ihre Emotionen und Motivationen erkunden können. Dies kann durch individuelle Gespräche mit Psychologen oder Mediatoren geschehen, die geschult sind, die komplexen psychologischen Hintergründe von Mobbingverhalten zu verstehen. Durch gezielte Fragen und eine empathische Haltung können Mobber dazu angeregt werden, über die Auswirkungen ihres Verhaltens auf andere nachzudenken und die eigene Verletzlichkeit zu erkennen. Dieser Prozess kann oft schmerzhafte Einsichten mit sich bringen, ist aber entscheidend für eine nachhaltige Veränderung.

Zusätzlich können Workshops und Gruppensitzungen ein wertvolles Instrument zur Selbstreflexion bieten. In einem geschützten Rahmen können Mobber ihre Erfahrungen teilen, Feedback von Gleichaltrigen erhalten und lernen, wie ihre Handlungen von anderen wahrgenommen werden. Solche Formate fördern nicht nur das Verständnis für die eigenen Verhaltensmuster, sondern stärken auch die Empathiefähigkeit, die für eine positive zwischenmenschliche Interaktion unerlässlich ist. Die Erkenntnis, dass das eigene

Handeln andere verletzt, kann ein Wendepunkt in der Persönlichkeitsentwicklung sein.

Ein weiterer wichtiger Aspekt der Unterstützung für Mobber ist die Entwicklung von alternativen Bewältigungsstrategien. Oft mangelt es Mobbern an konstruktiven Möglichkeiten, mit ihren eigenen Unsicherheiten umzugehen. Trainings zur Verbesserung von sozialen Fähigkeiten und Konfliktlösungsstrategien können dazu beitragen, dass Mobber lernen, ihre Emotionen auf gesunde Weise auszudrücken und sich selbst zu behaupten, ohne auf Mobbing zurückzugreifen. Solche Fähigkeiten sind nicht nur für die persönliche Entwicklung wichtig, sondern tragen auch zu einem respektvolleren Miteinander in Schulen und anderen sozialen Kontexten bei.

Letztlich ist die Unterstützung für Mobber zur Selbstreflexion nicht nur ein Geschenk an die Mobber selbst, sondern auch an die Gemeinschaft, in der sie leben. Wenn Mobber ihre eigenen Probleme erkennen und angehen, führt dies zu einer signifikanten Verringerung von Mobbingverhalten und zu einem positiven sozialen Klima. Die Bereitschaft zur Veränderung ist oft der erste Schritt in Richtung einer gesünderen und harmonischeren Gemeinschaft, in der jeder Einzelne die Möglichkeit hat, sich wertgeschätzt und respektiert zu fühlen.

Die Rolle von Fachleuten und Institutionen

Die Rolle von Fachleuten und Institutionen im Kontext von Mobbing und Selbstwert ist von entscheidender Bedeutung, um die Dynamiken, die hinter diesen Phänomenen stehen, zu verstehen und zu adressieren. Fachleute, wie Psychologen, Sozialarbeiter und Pädagogen, spielen eine zentrale Rolle bei der Identifizierung der Ursachen und Auswirkungen von Mobbing. Sie sind oft die ersten Ansprechpartner für Betroffene und können durch gezielte Interventionen helfen, die Situation zu entschärfen und das Selbstwertgefühl der Opfer zu stärken. Ihre Expertise ermöglicht es, sowohl präventive Maßnahmen zu entwickeln als auch bestehende Konflikte zu lösen.

Institutionen, insbesondere Schulen und soziale Einrichtungen, haben die Verantwortung, ein sicheres und unterstützendes Umfeld zu schaffen. Dies umfasst die Implementierung von Anti-Mobbing-Programmen, die Sensibilisierung der Mitarbeitenden und die Förderung eines positiven Schulklimas. Eine aktive Rolle der Institutionen ist notwendig, um Mobbing nicht nur zu erkennen, sondern auch effektiv zu bekämpfen. Durch Schulungen und Workshops können Fachkräfte lernen, wie sie Mobbing frühzeitig identifizieren und geeignete Maßnahmen ergreifen können, um die betroffenen Schüler zu unterstützen und die Mobber zu rehabilitieren.

Zudem ist die Zusammenarbeit zwischen verschiedenen Fachleuten und Institutionen entscheidend. Ein integrierter Ansatz, der Psychologen, Lehrer und Sozialarbeiter einbezieht, kann die Effektivität der Interventionen erheblich steigern. Regelmäßige Treffen und der Austausch von Informationen ermöglichen es den Beteiligten, ein umfassendes Bild von den betroffenen Individuen zu gewinnen und maßgeschneiderte Unterstützung anzubieten. Diese Kooperation fördert nicht nur die individuelle Hilfe, sondern auch die Entwicklung von Strategien zur Prävention von Mobbing in der gesamten Institution.

Die Rolle der Fachleute geht jedoch über die direkte Intervention hinaus. Sie sind auch wichtige Vermittler zwischen den Betroffenen und ihren sozialen Umfeldern. Oftmals müssen sie Familienmitglieder, Freunde und andere relevante Personen einbeziehen, um ein unterstützendes Netzwerk zu schaffen. Die Sensibilisierung des Umfelds für die Dynamiken von Mobbing kann dazu beitragen, das Stigma zu reduzieren, das oft mit Opfern und Mobbern verbunden ist. Auf diese Weise tragen Fachleute dazu bei, ein gemeinschaftliches Bewusstsein zu schaffen, das Mobbing langfristig entgegenwirkt.

Schließlich ist die Forschung ein wesentlicher Teil der Rolle von Fachleuten und Institutionen im Umgang mit Mobbing. Durch das Sammeln von Daten und die Analyse von Mobbingfällen können neue Erkenntnisse gewonnen werden, die zur Verbesserung bestehender Programme und zur Entwicklung neuer Ansätze führen. Wissenschaftliche Studien und deren Ergebnisse sind entscheidend, um die Öffentlichkeit über die Auswirkungen von Mobbing auf das Selbstwertgefühl aufzuklären und um politische Entscheidungsträger zu motivieren, entsprechende Maßnahmen zu ergreifen. Die kontinuierliche Auseinandersetzung mit diesen Themen ist unerlässlich, um ein besseres Verständnis für die

Komplexität von Mobbing und dessen Folgen zu erlangen.

Zusammenfassung der wichtigsten Erkenntnisse

In der Auseinandersetzung mit Mobbing und Selbstwert ist es entscheidend zu verstehen, dass Mobbing oft aus einem tiefen Bedürfnis nach Schuldzuweisungen resultiert. Mobber suchen gezielt nach Sündenböcken, um ihre eigenen Unsicherheiten und Komplexe zu kompensieren. Diese Dynamik ist nicht nur in Schulen zu beobachten, sondern zieht sich durch alle gesellschaftlichen Schichten und Altersgruppen. Die Analyse dieser Verhaltensweisen hilft, die zugrunde liegenden psychologischen Mechanismen zu entschlüsseln, die sowohl Mobber als auch ihre Opfer betreffen.

Ein zentrales Ergebnis dieser Untersuchung zeigt, dass Mobbing nicht nur eine individuelle Handlung ist, sondern von einem sozialen Kontext beeinflusst wird. Die Gruppendynamik spielt eine wesentliche Rolle dabei, wie Mobbing entsteht und sich verbreitet. In vielen Fällen fühlen sich Mobber in ihrer Rolle durch die

Zustimmung oder das Schweigen von Gleichaltrigen oder Kollegen bestärkt. Diese sozialen Strukturen fördern ein Klima, in dem Diskriminierung und Ausgrenzung gedeihen, was es für Betroffene noch schwieriger macht, sich zu wehren.

Darüber hinaus wurde festgestellt, dass die psychologischen Profile von Mobbern häufig Merkmale wie niedrigen Selbstwert, Angst vor Ablehnung und das Bedürfnis nach Kontrolle aufweisen. Diese Charakteristika führen dazu, dass Mobber versuchen, ihre Macht durch die Herabsetzung anderer zu demonstrieren. Es ist wichtig, diese Aspekte zu erkennen, um präventive Maßnahmen zu entwickeln, die sowohl Mobber als auch Opfer unterstützen und die gesamte Gemeinschaft stärken können.

Ein weiterer wichtiger Punkt ist die Rolle von Selbstwertgefühl und Identität im Kontext von Mobbing. Personen mit einem stabilen Selbstwertgefühl sind weniger anfällig für Mobbing, sowohl als Täter als auch als Opfer. Daher ist es unerlässlich, Programme und Strategien zur Stärkung des Selbstwerts in Schulen und Arbeitsplätzen zu implementieren. Diese Initiativen können nicht nur das individuelle

Wohlbefinden fördern, sondern auch das soziale Klima innerhalb von Gruppen nachhaltig verbessern.

Schließlich erfordert die Bekämpfung von Mobbing ein gemeinsames Engagement aller Beteiligten. Eltern, Lehrer, Vorgesetzte und die Gesellschaft als Ganzes müssen zusammenarbeiten, um ein Umfeld zu schaffen, in dem Respekt und Empathie gefördert werden. Durch Aufklärung und Sensibilisierung können wir die Mechanismen des Mobbings besser verstehen und den Kreislauf der Schuldzuweisungen durchbrechen. Nur so können wir eine Kultur des Verständnisses und der Unterstützung entwickeln, die sowohl Mobbern als auch Opfern zugutekommt.

Zukünftige Forschungsansätze

Zukünftige Forschungsansätze im Bereich Mobbing und Selbstwert sind entscheidend, um das komplexe Zusammenspiel von Täter, Opfer und sozialen Dynamiken besser zu verstehen. Ein zentraler Forschungsansatz könnte die Untersuchung der psychologischen Mechanismen sein, die Mobber antreiben, nach einem Sündenbock zu suchen. Es ist wichtig, die individuellen und sozialen Faktoren zu analysieren, die zu dieser Verhaltensweise führen. Dazu gehören beispielsweise das Selbstwertgefühl von Mobbern, ihre eigenen Erfahrungen mit Ablehnung oder Misshandlung sowie die sozialen Normen innerhalb von Gruppen, die solches Verhalten begünstigen.

Ein weiterer vielversprechender Ansatz wäre die longitudinale Forschung, die es ermöglicht, Mobbing über längere Zeiträume hinweg zu beobachten. Solche Studien könnten Aufschluss darüber geben, wie sich Mobbingverhalten entwickelt und verändert, und welche Rolle die sozialen Umfelder dabei spielen. Insbesondere wäre es wertvoll, den Einfluss von Schule, Familie und Peer-Gruppen auf die Entstehung von Mobbing zu untersuchen. Langfristige Daten könnten auch helfen, präventive Maßnahmen zu entwickeln, die darauf abzielen, Mobbing zu verhindern, bevor es entsteht.

Die Rolle von Medien und digitalen Plattformen im Kontext von Mobbing sollte ebenfalls intensiver erforscht werden. Die zunehmende Nutzung sozialer Medien hat neue Dimensionen des Mobbings eröffnet, die es in der analogen Welt nicht gab. Zukünftige

Forschungsprojekte könnten untersuchen, wie sich Online-Mobbing von traditionellem Mobbing unterscheidet und welche spezifischen Strategien zur Bekämpfung von Cybermobbing entwickelt werden können. Auch die Auswirkungen von Online-Interaktionen auf das Selbstwertgefühl von Betroffenen sind ein wichtiges Forschungsfeld.

Interdisziplinäre Ansätze, die Psychologie, Soziologie und Bildungswissenschaften vereinen, könnten wertvolle Erkenntnisse liefern. Durch die Zusammenarbeit verschiedener Fachrichtungen können umfassendere Erklärungsmodelle entwickelt werden, die die Komplexität von Mobbing und den damit verbundenen Selbstwertproblemen berücksichtigen. Solche Modelle könnten auch die Rolle von Interventionen und Programmen in Schulen und anderen Institutionen einbeziehen, um das Bewusstsein für Mobbing zu schärfen und eine Kultur des Respekts und der Empathie zu fördern.

Abschließend sollte die Perspektive der Betroffenen stärker in zukünftige Forschungsansätze integriert werden. Es ist entscheidend, ihre Erfahrungen und Sichtweisen zu berücksichtigen, um die Dynamiken von Mobbing besser zu verstehen. Qualitative

Forschung, wie Interviews oder Gruppendiskussionen, könnte tiefere Einsichten in die Gefühle und Reaktionen von Opfern bieten. Diese Erkenntnisse können dazu beitragen, effektive Unterstützungsangebote zu entwickeln, die den Bedürfnissen von Mobbingopfern gerecht werden und ihnen helfen, ihren Selbstwert zu stärken.

Die Verantwortung der Gesellschaft im Umgang mit Mobbing

Die Verantwortung der Gesellschaft im Umgang mit Mobbing ist ein zentrales Thema, das nicht nur Individuen, sondern auch Gemeinschaften betrifft. Mobbing ist ein vielschichtiges Phänomen, das tief in sozialen Strukturen verwurzelt ist. Die Gesellschaft hat die Aufgabe, ein Umfeld zu schaffen, in dem Respekt und Empathie gefördert werden. Dies erfordert ein gemeinsames Bewusstsein über die negativen Auswirkungen von Mobbing und die Bedeutung eines positiven sozialen Klimas. Es ist entscheidend, dass alle Mitglieder der Gesellschaft, sei es in Schulen, am Arbeitsplatz oder in anderen sozialen Gruppen,

Verantwortung übernehmen und aktiv gegen Mobbing vorgehen.

Eine der Hauptursachen für Mobbing ist das Bedürfnis des Mobbers, einen Sündenbock zu finden. Oftmals sind Mobber selbst von Unsicherheiten und Komplexen geplagt, die sie nicht bewältigen können. Die Gesellschaft muss die Hintergründe dieser Verhaltensweisen verstehen und darauf reagieren. Anstatt Mobber zu verurteilen, sollte der Fokus auf der Unterstützung ihrer emotionalen und psychologischen Entwicklung liegen. Programme zur Gewaltprävention und zur Förderung von sozialen Kompetenzen können hierbei eine wichtige Rolle spielen und sollten zum festen Bestandteil des Lehrplans in Schulen werden.

Die Rolle der Bildungseinrichtungen ist besonders wichtig, da sie die ersten sozialen Räume sind, in denen Kinder und Jugendliche lernen, miteinander umzugehen. Schulen sollten nicht nur als Lernorte fungieren, sondern auch als Schutzräume, in denen Mobbing keinen Platz hat. Lehrer, Schüler und Eltern müssen gemeinsam an einem Strang ziehen, um eine Kultur des Respekts und der Toleranz zu fördern. Workshops, Aufklärungskampagnen und regelmäßige Gespräche über Mobbing können dazu beitragen, das

Bewusstsein zu schärfen und die Betroffenen zu ermutigen, sich zu äußern.

Die Verantwortung der Gesellschaft erstreckt sich auch auf die Medien, die oft ein verzerrtes Bild von Mobbing vermitteln. Sensationsberichterstattung kann zur Stigmatisierung von Opfern und zur Verharmlosung von Mobbern führen. Eine verantwortungsvolle Berichterstattung könnte dazu beitragen, das Bewusstsein für die Problematik zu schärfen und die gesellschaftliche Diskussion über Mobbing zu fördern. Medien sollten als Plattformen genutzt werden, um positive Geschichten von Überwindung und Unterstützung zu erzählen und so ein Umdenken in der Gesellschaft zu bewirken.

Schließlich ist es wichtig, dass die Gesellschaft auch rechtliche Rahmenbedingungen schafft, die Mobbing wirksam bekämpfen. Gesetze allein reichen jedoch nicht aus; es bedarf einer kulturellen Veränderung, die Mobbing als inakzeptabel betrachtet. Jeder Einzelne hat die Verantwortung, sich aktiv gegen Mobbing zu stellen, sei es durch Zivilcourage oder durch Unterstützung der Betroffenen. Nur durch ein gemeinsames, entschlossenes Handeln kann die Gesellschaft eine Umgebung schaffen, in der Mobbing keinen Platz hat und in der jeder Mensch in seinem Selbstwert geachtet wird.

Kapitel 20: Die Schatten in uns - Negative Komplexe verstehen und überwinden

Einführung in negative Komplexe

Negative Komplexe sind tief verwurzelte, oft unbewusste Überzeugungen oder Gedankenmuster, die das Selbstbild und das Verhalten eines Individuums beeinflussen. Sie entstehen häufig aus negativen Erfahrungen in der Kindheit oder durch soziale Interaktionen, die das Selbstwertgefühl beeinträchtigen. Diese Komplexe können sich in verschiedenen Formen zeigen, wie etwa Minderwertigkeitsgefühlen, übertriebener Selbstkritik oder der ständigen Sorge, den Erwartungen anderer nicht gerecht zu werden. Das Verständnis dieser negativen Komplexe ist der erste Schritt zur Überwindung ihrer schädlichen Auswirkungen.

Ein häufiges Beispiel für negative Komplexe sind Minderwertigkeitskomplexe, die sich manifestieren, wenn eine Person sich als weniger wertvoll oder fähig empfindet im Vergleich zu anderen. Solche Überzeugungen können dazu führen, dass Betroffene sich in sozialen Situationen unwohl fühlen, sich zurückziehen oder sich nicht trauen, ihre Meinungen und Ideen zu äußern. Oft sind diese negativen Gedanken irrational und basieren auf verzerrten Wahrnehmungen der eigenen Fähigkeiten oder des eigenen Aussehens. Sie können nicht nur das persönliche Wohlbefinden beeinträchtigen, sondern auch die berufliche und soziale Entwicklung hemmen.

Auf der anderen Seite gibt es auch Überlegenheitskomplexe, bei denen Individuen versuchen, sich über andere zu stellen, um ihre eigenen Unsicherheiten zu kompensieren. Diese Menschen versuchen oft, durch Prahlerei oder kritische Äußerungen über andere ihr eigenes Selbstwertgefühl zu stärken. Solche Verhaltensweisen können temporär Linderung verschaffen, führen jedoch langfristig zu Isolation und zwischenmenschlichen Konflikten. Das Erkennen dieser Muster ist entscheidend, um sie zu durchbrechen und gesunde Beziehungen aufzubauen.

Die Ursachen für negative Komplexe sind vielfältig und können in der Erziehung, in traumatischen Erlebnissen oder in gesellschaftlichen Normen und Werten verwurzelt sein. Zum Beispiel können übermäßige Erwartungen von Eltern oder Lehrern dazu führen, dass Kinder das Gefühl entwickeln, niemals gut genug zu sein. Ebenso können Mobbing oder Ausgrenzung in der Schule nachhaltige Schäden am Selbstwertgefühl verursachen. Ein tieferes Verständnis dieser Hintergründe ermöglicht es Betroffenen, die Ursprünge ihrer Komplexe zu erkennen und an der Heilung zu arbeiten.

Um negative Komplexe zu überwinden, ist es wichtig, sich ihrer bewusst zu werden und sie aktiv anzugehen. Therapeutische Ansätze, Selbstreflexion und der Austausch mit vertrauenswürdigen Personen können dabei helfen, diese komplexen inneren Konflikte zu bewältigen. Die Entwicklung eines positiven Selbstbildes erfordert Zeit und Geduld, aber durch bewusste Anstrengungen können Individuen lernen, ihre negativen Glaubenssätze zu hinterfragen und durch konstruktivere Gedanken zu ersetzen. Dies führt nicht nur zu einem besseren Selbstwertgefühl, sondern auch zu einer insgesamt positiveren Lebensperspektive.

Die Psychologie hinter Komplexen

Die Psychologie hinter Komplexen ist ein vielschichtiges Thema, das tief in der menschlichen Psyche verwurzelt ist. Komplexe entstehen häufig aus Erfahrungen und Wahrnehmungen, die in der frühen Kindheit geprägt werden. Diese Erfahrungen können sowohl positiv als auch negativ sein, wobei negative Erfahrungen oft die stärkeren Auswirkungen haben. Ein Komplex kann sich als minderwertig, übertrieben selbstkritisch oder als übermäßige Scham manifestieren. Um die Mechanismen zu verstehen, die hinter diesen komplexen Gefühlen stehen, ist es wichtig, die psychologischen Grundlagen zu betrachten.

Ein zentraler Aspekt der Entstehung von Komplexen ist das Selbstbild. Das Selbstbild wird durch Vergleiche mit anderen und durch externe Rückmeldungen geformt. Menschen, die häufig negative Rückmeldungen erhalten oder sich in ungünstigen sozialen Umfeldern bewegen, entwickeln tendenziell ein verzerrtes Selbstbild. Solche Menschen neigen dazu, ihre eigenen Fähigkeiten und Werte zu unterschätzen, was zur Bildung eines Minderwertigkeitskomplexes führen kann. Diese verzerrte Wahrnehmung hindert sie daran, ihre Stärken zu erkennen und zu nutzen.

Ein weiterer wichtiger Faktor ist die Rolle der inneren Dialoge. Die Art und Weise, wie Menschen mit sich selbst sprechen, beeinflusst stark ihr emotionales Wohlbefinden. Negative Selbstgespräche verstärken das Gefühl der Unzulänglichkeit und können zu einem Teufelskreis führen, in dem sich die negativen Gedanken immer weiter verstärken. Menschen, die sich ihrer inneren Dialoge nicht bewusst sind, können in diesen negativen Mustern gefangen bleiben, was ihre Fähigkeit zur Selbstakzeptanz und zur positiven Selbstwahrnehmung beeinträchtigt.

Zusätzlich können gesellschaftliche und kulturelle Faktoren einen erheblichen Einfluss auf die Entwicklung von Komplexen haben. In vielen Kulturen gibt es bestimmte Standards, die das individuelle Verhalten und Aussehen betreffen. Menschen, die diesen Standards nicht entsprechen, empfinden oft Scham oder das Gefühl, nicht gut genug zu sein. Diese gesellschaftlichen Erwartungen können das Selbstwertgefühl erheblich beeinträchtigen und die Bildung von Komplexen begünstigen. Das Bewusstsein für diese externen Einflüsse ist entscheidend, um die eigene psychologische Verfassung zu verstehen und zu verändern.

Um negative Komplexe zu überwinden, ist es wichtig, sich mit der eigenen Psyche auseinanderzusetzen und die zugrunde liegenden Ursachen zu erkennen. Therapeutische Ansätze, wie die kognitive Verhaltenstherapie, können helfen, negative Denkmuster zu identifizieren und zu verändern. Auch die Förderung von Selbstakzeptanz und positiver Selbstreflexion spielt eine entscheidende Rolle. Indem man lernt, sich selbst mit Mitgefühl zu betrachten und sich von gesellschaftlichen Normen zu distanzieren, kann man die Schatten der negativen Komplexe überwinden und ein erfülltes Leben führen.

Häufige Arten negativer Komplexe

Negative Komplexe manifestieren sich in verschiedenen Formen und können das Leben der Betroffenen erheblich beeinflussen. Zu den häufigsten Arten gehören Minderwertigkeitskomplexe, die häufig aus einem ständigen Vergleich mit anderen resultieren. Personen mit einem Minderwertigkeitskomplex fühlen sich oft unzulänglich, was zu einem geringen Selbstwertgefühl führt. Diese Empfindungen können durch negative Erfahrungen in der Kindheit, Mobbing oder unrealistische Erwartungen geprägt werden, die in der Gesellschaft oder innerhalb der Familie bestehen.

Ein weiterer verbreiteter negativer Komplex ist der Überlegenheitskomplex. Diese Art des Komplexes äußert sich häufig in einer übertriebenen Selbstwahrnehmung und einem ständigen Bedürfnis, sich über andere zu erheben. Menschen mit einem Überlegenheitskomplex können Schwierigkeiten haben, Empathie zu zeigen und neigen dazu, andere herabzusetzen. Oft ist dieser Komplex eine Abwehrreaktion auf eigene Unsicherheiten und kann als Schutzmechanismus dienen, um die eigene Verletzlichkeit zu verbergen.

Scham- und Schuldkomplexe sind ebenfalls weit verbreitet. Sie entstehen häufig durch tief sitzende Überzeugungen, dass man nicht gut genug ist oder dass man anderen geschadet hat. Diese Komplexe können zu einem ständigen Gefühl der Unzulänglichkeit führen und das Verhalten der Betroffenen stark beeinflussen, indem sie sie daran hindern, sich offen und ehrlich zu zeigen. Menschen mit solchen Komplexen haben oft

Schwierigkeiten, positive Beziehungen aufzubauen, da sie sich selbst sabotieren und anderen misstrauen.

Ein weiterer häufig vorkommender negativer Komplex ist der Perfektionismus. Perfektionisten setzen sich oft unrealistische Standards, die sie selbst nie erreichen können. Dieses Streben nach Perfektion kann zu chronischem Stress, Angstzuständen und einer ständigen Unzufriedenheit mit den eigenen Leistungen führen. Der Perfektionismus kann auch das soziale Leben beeinträchtigen, da Betroffene oft Schwierigkeiten haben, sich auf unvollkommene Situationen einzulassen oder Fehler zu akzeptieren.

Schließlich gibt es den Komplex des Versagens, der sich in der Angst äußert, in verschiedenen Lebensbereichen zu scheitern. Menschen mit diesem Komplex vermeiden oft Herausforderungen und neue Erfahrungen, aus Angst, ihre Erwartungen nicht zu erfüllen. Diese Angst kann lähmend sein und dazu führen, dass sie Gelegenheiten verpassen, die zu persönlichem Wachstum und Erfolg führen könnten. Das Verständnis dieser häufigen negativen Komplexe ist der erste Schritt, um Wege zu finden, sie zu überwinden und ein erfüllteres Leben zu führen.

Kapitel 21: Die Entstehung negativer Komplexe

Kindheit und Erziehung

Kindheit und Erziehung spielen eine entscheidende Rolle in der Entwicklung unserer Persönlichkeit und unserer negativen Komplexe. In den frühen Lebensjahren sind wir besonders empfänglich für äußere Einflüsse, sei es durch unsere Eltern, Geschwister oder das soziale Umfeld. Diese Prägezeit beeinflusst, wie wir uns selbst wahrnehmen und wie wir mit Herausforderungen umgehen. Oft sind es die Erfahrungen aus der Kindheit, die als Basis für spätere Unsicherheiten und Ängste dienen. Ein liebevolles und unterstützendes Umfeld kann das Selbstvertrauen fördern, während kritische oder nachlässige Erziehungsmethoden das Gefühl der Unzulänglichkeit verstärken.

Die Art und Weise, wie Eltern und Bezugspersonen mit Kindern kommunizieren, hat einen nachhaltigen Einfluss auf deren Selbstwertgefühl. Kinder, die regelmäßig Lob und positive Rückmeldungen erhalten, entwickeln tendenziell ein stärkeres Selbstbewusstsein. Im Gegensatz dazu können negative Kommentare oder ständige Vergleiche zu einem inneren Kampf führen, der sich in Form von Komplexen äußern kann. Diese negativen Glaubenssätze über sich selbst können auch im Erwachsenenleben eine große Hürde darstellen. Es ist wichtig, diese Muster zu erkennen und zu verstehen, um sie zu überwinden.

Erziehungsmuster variieren stark zwischen verschiedenen Kulturen und sozialen Schichten. In manchen Gesellschaften wird Wert auf Gehorsam und Disziplin gelegt, während in anderen die Förderung von Kreativität und Selbstständigkeit im Vordergrund steht. Diese unterschiedlichen Ansätze können dazu führen, dass Individuen verschiedene Arten von Komplexen entwickeln, die sich aus den Erwartungen ihrer Umgebung speisen. Das Bewusstsein für diese kulturellen Unterschiede kann helfen, die eigenen negativen Komplexe besser zu verstehen und zu reflektieren, wie sie entstanden sind.

Ein weiterer wichtiger Aspekt ist die Rolle von Geschwistern und Gleichaltrigen in der Kindheit. Der soziale Vergleich mit anderen Kindern kann sowohl positiv als auch negativ sein. Während Freunde und Geschwister eine Quelle der Unterstützung darstellen können, sind sie auch oft der Grund für Neid und das

Gefühl, nicht gut genug zu sein. Diese Dynamiken prägen die emotionale Entwicklung und können tief verwurzelte Komplexe hervorrufen, die bis ins Erwachsenenleben nachwirken. Der Umgang mit diesen Erfahrungen ist entscheidend, um ein gesundes Selbstbild zu entwickeln.

Um die in der Kindheit entstandenen negativen Komplexe zu überwinden, ist es unerlässlich, sich mit diesen Themen auseinanderzusetzen. Therapie, Selbsthilfegruppen oder auch das Schreiben eines Tagebuchs können wertvolle Werkzeuge sein, um die eigene Vergangenheit zu reflektieren und neue Perspektiven zu gewinnen. Indem wir uns mit unseren Kindheitserfahrungen beschäftigen, können wir die Schatten, die sie auf unser gegenwärtiges Leben werfen, Schritt für Schritt auflösen. Die Reise zur Selbstakzeptanz beginnt oft mit dem Verständnis der eigenen Wurzeln und der Bereitschaft, alte Muster zu hinterfragen und zu verändern.

Soziale Einflüsse und Medien

Soziale Einflüsse und Medien spielen eine entscheidende Rolle in der Entwicklung und Verstärkung negativer Komplexe. Von frühester Kindheit an sind Individuen ständigen Botschaften und Bildern ausgesetzt, die ihre Selbstwahrnehmung beeinflussen. Diese Einflüsse können von Gleichaltrigen, Familienmitgliedern, Lehrern und insbesondere von den Massenmedien stammen. In einer Zeit, in der soziale Medien allgegenwärtig sind, ist die Möglichkeit, sich mit anderen zu vergleichen, größer denn je und führt häufig zu einem verzerrten Selbstbild.

Die Darstellung von Schönheit, Erfolg und Glück in den Medien erweckt oft den Eindruck, dass bestimmte Standards erreicht werden müssen, um akzeptiert oder geliebt zu werden. Dies kann zu einem tiefen Gefühl der Unzulänglichkeit führen, wenn Menschen das Gefühl haben, diesen Idealen nicht gerecht zu werden. Besonders bei Jugendlichen ist der Einfluss von sozialen Netzwerken erheblich, da Likes und Followerzahlen oft als Maßstab für den eigenen Wert angesehen werden. Diese Dynamik kann das Selbstwertgefühl erheblich beeinträchtigen und negative Komplexe hervorrufen.

Zudem sind die sozialen Normen, die durch Medien vermittelt werden, häufig unrealistisch und nicht repräsentativ für die Vielfalt menschlicher Erfahrungen. Menschen, die sich nicht in diesen Normen wiederfinden, können sich isoliert und minderwertig fühlen. Die ständige Konfrontation mit bearbeiteten Bildern und inszenierten Lebensstilen kann das Gefühl der eigenen Unzulänglichkeit verstärken und dazu führen, dass man sich in einem ständigen Wettlauf um Bestätigung und Anerkennung befindet. Dieser Druck kann die psychische Gesundheit belasten und zu ernsthaften emotionalen Problemen führen.

Ein weiterer Aspekt ist die Rolle von Online-Communities, die sowohl positive als auch negative Einflüsse haben können. Während einige Plattformen Unterstützung und Gemeinschaft bieten, können andere toxische Umgebungen schaffen, in denen negative Komplexe gefördert werden. Cybermobbing und der Druck, sich einer bestimmten Gruppennorm anzupassen, können zu einer verstärkten inneren Unsicherheit führen. Es ist wichtig, sich der Dynamiken bewusst zu sein, die in diesen Räumen herrschen, um sich selbst zu schützen und die eigene mentale Gesundheit zu fördern.

Um den negativen Auswirkungen sozialer Einflüsse und Medien entgegenzuwirken, ist es entscheidend, ein kritisches Bewusstsein zu entwickeln. Menschen sollten lernen, die Inhalte, denen sie begegnen, zu hinterfragen und sich nicht von unrealistischen Standards leiten zu lassen. Zudem ist es hilfreich, sich aktiv in unterstützende Gemeinschaften zu begeben, die ein gesundes Selbstbild fördern. Letztendlich liegt der Schlüssel zur Überwindung negativer Komplexe darin, sich selbst zu akzeptieren und zu lieben, unabhängig von den äußeren Meinungen und Medienbotschaften.

Persönliche Erfahrungen und Traumata

Persönliche Erfahrungen und Traumata spielen eine entscheidende Rolle in der Entwicklung negativer Komplexe. Oft sind es prägende Erlebnisse aus der Kindheit oder Jugend, die langfristige Auswirkungen auf unser Selbstbild und unser Verhalten haben. Diese Erfahrungen können von emotionaler Vernachlässigung, Missbrauch oder auch von Verlust und Trauer geprägt sein. Sie hinterlassen oft tiefe Narben, die sich in Form von Ängsten, geringem Selbstwertgefühl oder einer ständigen Selbstkritik äußern. Es ist wichtig, sich dieser Zusammenhänge bewusst zu werden, um die eigenen negativen Komplexe zu verstehen und an ihnen zu arbeiten.

Ein zentraler Aspekt im Umgang mit persönlichen Erfahrungen ist die Reflexion. Menschen neigen oft dazu, belastende Erinnerungen zu verdrängen oder zu minimieren, was eine gesunde Verarbeitung erschwert. Durch das bewusste Auseinandersetzen mit diesen Erlebnissen können Muster erkannt werden, die im Alltag unbewusst unser Handeln steuern. Zum Beispiel kann eine negative Erfahrung in der Schule dazu führen, dass eine Person sich in sozialen Situationen unsicher fühlt. Indem wir diese Verbindungen herstellen, können wir beginnen, unsere Reaktionen zu hinterfragen und gegebenenfalls zu ändern.

Die Konfrontation mit Traumata kann ein schmerzhafter Prozess sein, der jedoch notwendig ist, um Heilung zu ermöglichen. Therapeutische Ansätze wie die Gesprächstherapie, EMDR oder somatische Erfahrungen bieten Möglichkeiten, um mit den eigenen Schatten umzugehen. Diese Methoden helfen nicht nur, die schmerzlichen Erinnerungen zu verarbeiten, sondern fördern auch die Entwicklung von Strategien zur Bewältigung. Das Ziel ist es, die Kontrolle über das eigene Leben zurückzugewinnen und die Auswirkungen der Traumata auf das aktuelle Leben zu minimieren.

Ein weiterer wichtiger Schritt im Umgang mit persönlichen Erfahrungen und Traumata ist die Entwicklung von Selbstmitgefühl. Oft sind Menschen, die unter negativen Komplexen leiden, sehr hart zu sich selbst. Sie neigen dazu, sich für ihre Gefühle oder Reaktionen zu verurteilen. Indem wir lernen, uns selbst Mitgefühl entgegenzubringen, können wir den inneren Kritiker leiser werden lassen. Selbstmitgefühl bedeutet, sich selbst in schwierigen Zeiten Verständnis und Freundlichkeit zu schenken, was letztlich zur Heilung und zu einer positiveren Selbstwahrnehmung beiträgt.

Abschließend lässt sich sagen, dass persönliche Erfahrungen und Traumata nicht unser Schicksal bestimmen müssen. Durch aktive Auseinandersetzung, Reflexion und den Einsatz geeigneter therapeutischer Methoden können wir lernen, diese Schatten anzunehmen und zu transformieren. Die Reise ist oft lang und herausfordernd, doch sie bietet die Möglichkeit, nicht nur die eigenen negativen Komplexe zu überwinden, sondern auch ein erfüllteres und authentischeres Leben zu führen.

Kapitel 22: Auswirkungen negativer Komplexe

Emotionale Auswirkungen

Emotionale Auswirkungen können tiefgreifende Folgen für unser tägliches Leben haben. Negative Komplexe, wie Minderwertigkeitsgefühle oder soziale Ängste, beeinflussen nicht nur unser Selbstbild, sondern auch unsere zwischenmenschlichen Beziehungen. Diese Emotionen können zu einem chronischen Gefühl der Unzulänglichkeit führen, das unsere Lebensqualität erheblich mindert. Menschen, die unter solchen Komplexen leiden, neigen dazu, sich selbst zu isolieren und vermeiden oft soziale Interaktionen, was den Teufelskreis von Einsamkeit und emotionaler Belastung verstärkt.

Ein zentraler Aspekt der emotionalen Auswirkungen negativer Komplexe ist die ständige Selbstkritik. Diese innere Stimme, die uns ständig daran erinnert, was wir nicht können oder wie wir nicht gut genug sind, kann lähmend wirken. Sie führt oft zu einem Zustand der permanenter Unzufriedenheit und Enttäuschung über die eigenen Leistungen. In vielen Fällen kann dies auch zu psychischen Erkrankungen wie Depressionen oder

Angststörungen führen, da die betroffenen Personen Schwierigkeiten haben, ihre positiven Eigenschaften zu erkennen und zu schätzen.

Die emotionale Belastung, die aus negativen Komplexen resultiert, hat auch Auswirkungen auf unser körperliches Wohlbefinden. Stress, der durch emotionale Konflikte und innere Kämpfe verursacht wird, kann sich in Form von körperlichen Symptomen äußern, wie Kopfschmerzen, Schlafstörungen oder sogar Herz-Kreislauf-Erkrankungen. Es ist wichtig zu erkennen, dass Körper und Geist eng miteinander verbunden sind; die Vernachlässigung der emotionalen Gesundheit kann weitreichende Folgen für die physische Gesundheit haben.

Ein weiterer wichtiger Punkt ist die Auswirkung negativer Komplexe auf unsere Beziehungen zu anderen Menschen. Wenn wir uns unzulänglich fühlen, kann es schwierig sein, authentische Verbindungen herzustellen. Oft projizieren wir unsere eigenen Unsicherheiten auf andere, was zu Missverständnissen und Konflikten führt. In vielen Fällen ziehen wir uns zurück oder verhalten uns defensiv, was dazu führt, dass wir wertvolle zwischenmenschliche Beziehungen gefährden und uns noch mehr isolieren.

Um die emotionalen Auswirkungen negativer Komplexe zu bewältigen, ist es entscheidend, sich aktiv mit diesen Gefühlen auseinanderzusetzen. Dies kann durch Selbstreflexion, Gespräche mit vertrauten Personen oder professionelle Unterstützung geschehen. Der erste Schritt besteht darin, die eigenen Emotionen zu erkennen und zu akzeptieren. Indem wir uns mit unseren inneren Schatten auseinandersetzen, können wir lernen, diese Komplexe zu überwinden und ein erfüllteres, glücklicheres Leben zu führen.

Soziale Beziehungen und Interaktionen

Soziale Beziehungen und Interaktionen spielen eine entscheidende Rolle in unserem Leben und sind eng mit der Art und Weise verknüpft, wie wir unsere negativen Komplexe wahrnehmen und bewältigen. Unsere Interaktionen mit anderen Menschen können sowohl unterstützend als auch herausfordernd sein. Oft sind es die sozialen Erwartungen und Normen, die unser Selbstbild beeinflussen und dazu führen, dass wir uns in bestimmten Situationen unsicher oder unzulänglich fühlen. Diese negativen Empfindungen können sich in unseren Beziehungen manifestieren, was zu einem Teufelskreis führt, der schwer zu durchbrechen ist.

Ein zentraler Aspekt bei der Betrachtung sozialer Beziehungen ist die Kommunikation. Offene und ehrliche Gespräche können helfen, Missverständnisse aufzuklären und emotionale Distanz zu verringern. Wenn wir unsere inneren Konflikte und Ängste mit unseren Mitmenschen teilen, können wir nicht nur Erleichterung erfahren, sondern auch die Perspektiven anderer kennenlernen. Dies kann uns helfen, unsere eigenen negativen Komplexe in einem neuen Licht zu sehen und zu verstehen, dass wir nicht allein sind in unseren Kämpfen.

Gleichzeitig gibt es auch die Gefahr, dass negative Komplexe unser Verhalten in sozialen Situationen beeinflussen. Menschen, die unter geringem Selbstwertgefühl leiden, neigen oft dazu, sich zurückzuziehen oder in sozialen Interaktionen übermäßig defensiv zu reagieren. Diese Verhaltensmuster können dazu führen, dass wir wertvolle Beziehungen gefährden oder sogar ganz vermeiden. Es ist wichtig, sich dieser Dynamik bewusst zu sein und aktiv daran zu arbeiten, unsere sozialen

Fähigkeiten zu verbessern und unser Selbstvertrauen zu stärken.

Die Unterstützung durch soziale Netzwerke ist ein wesentlicher Faktor für die Überwindung negativer Komplexe. Freunde, Familie und Gemeinschaften können Rückhalt bieten und uns ermutigen, unsere Ängste zu konfrontieren. Studien zeigen, dass Menschen, die über ein starkes soziales Netzwerk verfügen, besser mit Stress und negativen Emotionen umgehen können. Daher ist der Aufbau und die Pflege von Beziehungen nicht nur für unser emotionales Wohlbefinden wichtig, sondern auch für unsere persönliche Entwicklung.

Abschließend lässt sich sagen, dass soziale Beziehungen und Interaktionen sowohl eine Quelle von Herausforderungen als auch von Möglichkeiten darstellen. Indem wir uns aktiv mit unseren sozialen Umfeldern auseinandersetzen und die Art und Weise, wie wir mit unseren negativen Komplexen umgehen, reflektieren, können wir lernen, gesündere Beziehungen aufzubauen. Dies erfordert Mut, Offenheit und die Bereitschaft, an uns selbst zu arbeiten, aber die Belohnungen sind tiefgreifend und können zu einem erfüllteren Leben führen.

Berufliche und akademische Folgen

Berufliche und akademische Folgen negativer Komplexe können weitreichend und tiefgreifend sein. Viele Menschen, die mit solchen Komplexen kämpfen, erleben häufig eine Einschränkung ihrer Leistungsfähigkeit und ihres Selbstbewusstseins. Diese inneren Konflikte können sich in der Schule oder im Beruf in Form von Angst vor Leistungen, Prüfungen oder sozialen Interaktionen äußern. Ein Beispiel ist der sogenannte „Imposter-Syndrom", bei dem Betroffene ihre eigenen Erfolge als Zufall oder Glück abtun, was zu einem ständigen Gefühl der Unzulänglichkeit führt.

Im akademischen Kontext können negative Komplexe dazu führen, dass Studierende weniger aktiv am Unterricht teilnehmen oder sich nicht trauen, ihre Meinungen und Ideen zu äußern. Diese Zurückhaltung kann sich negativ auf ihre Noten und den Austausch mit Kommilitonen auswirken. Auch das Streben nach hohen Leistungen kann zu einem Teufelskreis führen, in dem der Druck, Erwartungen zu erfüllen, die eigene Motivation und Kreativität hemmt. Die Folge ist oft eine Abnahme der Zufriedenheit mit dem Studium und der persönlichen Entwicklung.

Im beruflichen Umfeld zeigen sich ähnliche Muster. Mitarbeiter, die unter negativen Komplexen leiden, neigen dazu, sich in sozialen Situationen zurückzuziehen oder sich nicht aktiv an Teamprojekten zu beteiligen. Dies kann nicht nur ihre Karrierechancen beeinträchtigen, sondern auch das Arbeitsklima negativ beeinflussen. Oft sind es gerade die Menschen, die kreative Ideen und wertvolle Perspektiven einbringen könnten, die aufgrund ihrer inneren Unsicherheiten übersehen oder nicht gehört werden.

Darüber hinaus kann der Umgang mit negativen Komplexen auch zu physischen und psychischen Gesundheitsproblemen führen. Stress, Angstzustände und Depressionen sind häufige Begleiterscheinungen, die nicht nur die Leistungsfähigkeit beeinträchtigen, sondern auch zu häufigen Fehlzeiten und einer erhöhten Fluktuation im Job führen können. Ein solches Umfeld ist nicht nur für die Betroffenen belastend, sondern auch für ihre Kollegen und Vorgesetzten, die die Auswirkungen miterleben müssen.

Um diesen negativen Folgen entgegenzuwirken, ist es wichtig, ein Bewusstsein für die eigenen inneren Konflikte zu entwickeln und Strategien zu erlernen, um mit ihnen umzugehen. Die Unterstützung durch

Mentoren, Therapeuten oder Selbsthilfegruppen kann dabei helfen, die eigenen Komplexe zu verstehen und konstruktiv zu überwinden. Ein offenes Gesprächsklima im beruflichen und akademischen Umfeld fördert zudem die Akzeptanz und das gegenseitige Verständnis, was letztendlich zu einer positive Entwicklung sowohl auf individueller als auch auf kollektiver Ebene führen kann.

Kapitel 23: Den eigenen Komplex erkennen

Selbstreflexion und Achtsamkeit

Selbstreflexion und Achtsamkeit sind essentielle Werkzeuge, um negative Komplexe zu verstehen und zu überwinden. Diese beiden Konzepte helfen uns, unsere inneren Gedanken und Gefühle zu erkennen und zu analysieren, was der erste Schritt zur Veränderung ist. Durch Selbstreflexion können wir die Wurzeln unserer negativen Gedankenmuster identifizieren, während Achtsamkeit uns lehrt, im gegenwärtigen Moment zu leben und unsere Reaktionen auf verschiedene Situationen bewusst wahrzunehmen. Diese Praktiken fördern ein tieferes Verständnis für uns selbst und ermöglichen es uns, negative Komplexe in einem neuen Licht zu sehen.

Ein zentraler Aspekt der Selbstreflexion ist die Analyse unserer eigenen Erfahrungen und Verhaltensweisen. Indem wir uns regelmäßig Zeit nehmen, um über unsere Reaktionen in bestimmten Situationen nachzudenken, können wir Muster erkennen, die uns oft nicht bewusst sind. Journaling oder das Führen eines Tagebuchs sind effektive Methoden, um unsere Gedanken zu ordnen und klare Einsichten zu gewinnen. Diese schriftliche Reflexion hilft uns, unsere Emotionen zu verarbeiten und gibt uns die Möglichkeit, unsere Fortschritte im Umgang mit negativen Komplexen nachzuvollziehen.

Achtsamkeit hingegen erfordert, dass wir uns aktiv auf den gegenwärtigen Moment konzentrieren, ohne unser Urteil und unsere Bewertungen einfließen zu lassen. Praktiken wie Meditation, Atemübungen oder einfach nur das bewusste Wahrnehmen unserer Umgebung können uns helfen, unsere Gedanken zu beruhigen und einen klaren Kopf zu bekommen. Wenn wir achtsam sind, können wir negative Gedanken als das erkennen, was sie sind: vorübergehende Erscheinungen, die nicht unbedingt unsere Realität bestimmen müssen. Diese Erkenntnis kann einen tiefgreifenden Einfluss auf unsere emotionale Gesundheit haben und uns ermöglichen, besser mit Stress und Ängsten umzugehen.

Die Integration von Selbstreflexion und Achtsamkeit in unseren Alltag kann eine transformative Wirkung auf unsere Beziehung zu uns selbst haben. Wenn wir regelmäßig reflektieren und achtsam sind, entwickeln wir ein stärkeres Bewusstsein für unsere Bedürfnisse und Wünsche. Dies kann uns helfen, uns von den Erwartungen anderer zu lösen und authentischer zu leben. Darüber hinaus unterstützt uns diese Praxis dabei, Mitgefühl für uns selbst zu entwickeln, was entscheidend ist, um negative Komplexe zu überwinden und ein erfüllteres Leben zu führen.

Zusammenfassend lässt sich sagen, dass Selbstreflexion und Achtsamkeit nicht nur Methoden sind, um mit negativen Komplexen umzugehen, sondern auch Schlüssel zu einem tieferen Verständnis unserer selbst. Sie fördern die persönliche Entwicklung und helfen uns, ein Leben zu führen, das von mehr innerem Frieden und Selbstakzeptanz geprägt ist. Indem wir uns auf diese Praktiken einlassen, schaffen wir die

Grundlage für eine positive Transformation und eine gesunde Beziehung zu uns selbst.

Anzeichen und Symptome negativer Komplexe

Negative Komplexe können sich auf vielfältige Weise manifestieren und beeinflussen unser tägliches Leben. Es ist wichtig, die Anzeichen und Symptome zu erkennen, um frühzeitig gegensteuern zu können. Häufig zeigen sich negative Komplexe in Form von Selbstzweifeln, die das Selbstwertgefühl erheblich mindern. Betroffene fühlen sich oft unzulänglich oder weniger wertvoll im Vergleich zu anderen, was zu einem ständigen Gefühl der Unsicherheit führt.

Ein weiteres häufiges Anzeichen ist das Vermeiden von bestimmten Situationen oder sozialen Interaktionen. Menschen mit negativen Komplexen neigen dazu, sich zurückzuziehen, um Konfrontationen oder Kritik zu entgehen. Diese Verhaltensweisen können sich in der Vermeidung von Gruppenaktivitäten oder in der Ablehnung von Herausforderungen äußern, aus Angst, den eigenen Ansprüchen nicht gerecht zu werden. Das Vermeiden kann kurzfristig als Schutzmechanismus wirken, langfristig jedoch die soziale Isolation verstärken.

Emotionale Symptome, wie Angst oder Traurigkeit, sind ebenfalls häufige Begleiter negativer Komplexe. Betroffene erleben oft intensive emotionale Reaktionen, wenn sie mit bestimmten Themen oder Personen konfrontiert werden, die ihre Komplexe triggern. Diese emotionalen Turbulenzen können sich in Form von Stimmungsschwankungen äußern, die das tägliche Leben und zwischenmenschliche Beziehungen erheblich belasten. Die ständige innere Anspannung kann zudem zu körperlichen Beschwerden führen.

Physische Symptome, wie Schlafstörungen oder chronische Müdigkeit, können ebenfalls auf das Vorhandensein negativer Komplexe hinweisen. Der ständige Stress und die emotionale Belastung, die mit negativen Gedankenmustern einhergehen, können den Körper stark beanspruchen. Oft ist der Körper nicht in der Lage, sich ausreichend zu erholen, was zu einem Teufelskreis aus Erschöpfung und verstärkten negativen Gedanken führt.

Schließlich ist es wichtig, auch die Auswirkungen auf das Verhalten zu betrachten. Menschen mit negativen

Komplexen zeigen häufig Verhaltensweisen, die darauf abzielen, ihre Unsicherheiten zu kompensieren. Dazu gehören übermäßiger Perfektionismus, Abhängigkeit von der Bestätigung durch andere oder sogar aggressive Reaktionen auf wahrgenommene Kritik. Diese Verhaltensmuster können nicht nur das eigene Wohlbefinden beeinträchtigen, sondern auch Beziehungen zu anderen Menschen belasten. Das Erkennen dieser Anzeichen und Symptome ist der erste Schritt auf dem Weg zur Überwindung negativer Komplexe.

Unterstützung durch andere suchen

Negative Komplexe können oft erdrückend wirken und das persönliche Wohlbefinden stark beeinträchtigen. In solchen Zeiten kann es hilfreich sein, Unterstützung von anderen zu suchen. Dies bedeutet nicht, Schwäche zu zeigen, sondern vielmehr, sich aktiv um seine mentale Gesundheit zu kümmern und die eigenen Herausforderungen nicht alleine bewältigen zu müssen. Der Austausch mit anderen kann neue Perspektiven eröffnen und zu einem besseren Verständnis der eigenen Probleme führen.

Eine der effektivsten Möglichkeiten, Unterstützung zu finden, ist der Kontakt zu Freunden oder Familienmitgliedern. Diese Menschen kennen uns oft am besten und können uns in schwierigen Zeiten emotional unterstützen. Sie sind in der Lage, uns zuzuhören, uns zu ermutigen und möglicherweise sogar eigene Erfahrungen zu teilen, die uns helfen können, unsere negativen Komplexe besser zu verstehen. Es ist wichtig, offen über unsere Gefühle zu sprechen und den Mut aufzubringen, Hilfsangebote anzunehmen.

Zusätzlich zu persönlichen Beziehungen kann auch die Inanspruchnahme professioneller Hilfe wertvoll sein. Psychologen, Therapeuten oder Coaches sind geschult, um Menschen bei der Bewältigung ihrer inneren Konflikte zu unterstützen. Sie können Techniken und Strategien anbieten, die speziell auf die individuellen Bedürfnisse zugeschnitten sind. Oftmals kann die objektive Sichtweise eines Fachmanns helfen, Muster zu erkennen und Wege aufzuzeigen, die wir vielleicht selbst nicht in Betracht gezogen haben.

Selbsthilfegruppen sind eine weitere Möglichkeit, Unterstützung zu finden. In diesen Gruppen treffen sich Menschen, die ähnliche Herausforderungen durchleben. Der Austausch von Erfahrungen und das Gefühl, nicht allein zu sein, können eine enorme Erleichterung bringen. Es entsteht ein Raum, in dem man seine Gedanken und Gefühle ohne Urteil äußern kann. Solche Gemeinschaften fördern nicht nur die persönliche Entwicklung, sondern stärken auch das Gefühl der Zugehörigkeit.

Schließlich ist es wichtig, die Unterstützung, die man erhält, aktiv anzunehmen und auch selbst Unterstützung zu geben. Indem wir anderen helfen, können wir unsere eigenen Komplexe besser verstehen und bearbeiten. Unterstützung durch andere zu suchen ist ein Zeichen von Stärke und zeigt, dass wir bereit sind, an uns zu arbeiten und die Schatten in uns zu überwinden. Die Suche nach Hilfe ist ein Schritt in die richtige Richtung und kann der Schlüssel zu einem erfüllteren Leben sein.

Kapitel 24: Strategien zur Überwindung negativer Komplexe

Positive Selbstgespräche und Affirmationen

Positive Selbstgespräche und Affirmationen sind kraftvolle Werkzeuge, die uns helfen können, unsere negativen Komplexe zu verstehen und zu überwinden. Oft sind wir uns nicht bewusst, wie sehr unsere inneren Dialoge unser Verhalten und unsere Emotionen beeinflussen. Indem wir lernen, unsere Gedanken bewusst zu steuern, können wir eine positive Veränderung in unserem Leben herbeiführen. Diese Techniken sind nicht nur hilfreich, um Selbstzweifel abzubauen, sondern auch, um unser Selbstwertgefühl zu stärken und unsere Lebensqualität zu verbessern.

Selbstgespräche sind die Dialoge, die wir mit uns selbst führen. Sie können sowohl positiv als auch negativ sein. Negative Selbstgespräche können uns in einen Teufelskreis der Selbstkritik und des Zweifels führen. Wenn wir jedoch lernen, diese negativen Gedanken zu erkennen und sie durch positive Affirmationen zu ersetzen, schaffen wir eine Grundlage für persönliches Wachstum. Positive Selbstgespräche helfen uns, unsere Stärken zu erkennen und uns auf unsere Erfolge zu konzentrieren, anstatt uns von unseren Mängeln leiten zu lassen.

Affirmationen sind positive, bekräftigende Aussagen, die wir regelmäßig wiederholen, um unsere Überzeugungen zu ändern. Sie wirken wie Anker, die uns in schwierigen Zeiten Halt geben können. Indem wir Affirmationen in unseren Alltag integrieren, senden wir unser Unterbewusstsein auf eine Reise der Selbstakzeptanz und des positiven Denkens. Es ist wichtig, dass diese Affirmationen im Präsens formuliert sind, um eine unmittelbare Wirkung zu erzielen. Beispielsweise können Sätze wie „Ich bin genug" oder „Ich verdiene Glück" unsere Wahrnehmung von uns selbst nachhaltig verändern.

Ein effektiver Weg, positive Selbstgespräche und Affirmationen in unser Leben zu integrieren, ist die tägliche Praxis. Wir können uns Zeit nehmen, um morgens oder abends in Ruhe zu reflektieren und unsere Affirmationen laut auszusprechen. Das Visualisieren unserer Ziele und Träume während dieser Praxis verstärkt den positiven Effekt. Zudem kann das Führen eines Journals, in dem wir unsere Gedanken und Affirmationen festhalten, helfen, unsere

Fortschritte zu dokumentieren und uns an unsere Erfolge zu erinnern.

Letztendlich sind positive Selbstgespräche und Affirmationen nicht nur Techniken, sondern auch eine Lebensweise. Sie fördern ein gesundes Selbstbild und helfen uns, die Schatten unserer negativen Komplexe zu erkennen und anzunehmen. Durch diese bewusste Auseinandersetzung mit unseren Gedanken können wir die Kontrolle über unser Leben zurückgewinnen und eine positive, erfüllte Zukunft gestalten. Indem wir uns täglich mit positiven Gedanken umgeben, schaffen wir einen Raum für Wachstum, Heilung und Selbstliebe.

Professionelle Hilfe: Therapie und Coaching

Professionelle Hilfe kann eine entscheidende Rolle im Umgang mit negativen Komplexen spielen. Therapie und Coaching bieten Menschen die Möglichkeit, sich mit ihren inneren Konflikten auseinanderzusetzen und Strategien zu entwickeln, um diese zu überwinden. Dabei unterscheiden sich die beiden Ansätze in ihrer Methodik und Zielsetzung, doch sie können sich ergänzen und somit den Weg zur Selbstakzeptanz und persönlichen Entwicklung ebnen.

In der Therapie steht die tiefere Auseinandersetzung mit der eigenen Vergangenheit im Vordergrund. Therapeuten nutzen verschiedene Methoden, um Klienten dabei zu helfen, die Wurzeln ihrer negativen Komplexe zu erkennen. Dies kann durch Gesprächstherapie, Verhaltenstherapie oder auch kreative Ansätze geschehen. Ziel ist es, ein besseres Verständnis für sich selbst zu entwickeln und negative Denkmuster zu identifizieren. Durch diesen Prozess werden Klienten befähigt, alte Verhaltensweisen zu hinterfragen und neue, positivere Denkansätze zu erlernen.

Coaching hingegen konzentriert sich stärker auf die Zielverwirklichung und die Verbesserung der gegenwärtigen Lebenssituation. Coaches arbeiten oft mit Klienten, die konkrete Ziele im beruflichen oder persönlichen Bereich erreichen möchten. Dabei wird in der Regel weniger Wert auf die Vergangenheit gelegt, sondern vielmehr auf die Entwicklung von Strategien, um Herausforderungen zu meistern. Coaches helfen ihren Klienten, ihre eigenen Stärken zu erkennen und zu nutzen, um negative Komplexe zu überwinden und das Selbstbewusstsein zu stärken.

Beide Ansätze können von Menschen, die mit negativen Komplexen kämpfen, als wertvoll empfunden werden. Es ist wichtig, dass jeder für sich selbst herausfindet, welche Form der Unterstützung am besten geeignet ist. Während einige möglicherweise von der tiefgreifenden Analyse ihrer Vergangenheit profitieren, finden andere mehr Nutzen in der praktischen Umsetzung von Zielen und der Entwicklung von Lösungsstrategien. In manchen Fällen kann eine Kombination aus Therapie und Coaching die umfassendste Unterstützung bieten.

Die Entscheidung, professionelle Hilfe in Anspruch zu nehmen, kann eine der wichtigsten und mutigsten Entscheidungen im Prozess der Selbstüberwindung sein. Es ist ein Zeichen von Stärke, sich seinen inneren Schatten zu stellen und aktiv an der eigenen Persönlichkeitsentwicklung zu arbeiten. Die Unterstützung durch Fachleute kann nicht nur dabei helfen, negative Komplexe zu verstehen, sondern auch die eigene Lebensqualität erheblich zu verbessern.

Praktische Übungen und Techniken

Um negative komplexe Gefühle und Gedanken zu überwinden, ist es wichtig, praktische Übungen und Techniken in den Alltag zu integrieren. Eine der effektivsten Methoden ist die Achtsamkeitsmeditation. Diese Technik fördert die Selbstwahrnehmung und hilft, die eigenen Gedanken und Emotionen objektiv zu beobachten, ohne sie sofort zu bewerten. Indem man täglich einige Minuten in Stille verbringt und sich auf den Atem konzentriert, kann man lernen, negative Gedankenmuster zu erkennen und zu akzeptieren, anstatt sich von ihnen überwältigen zu lassen.

Eine weitere hilfreiche Übung ist das Journalisieren. Durch das schriftliche Festhalten von Gedanken, Gefühlen und Erlebnissen können komplexe innere Konflikte klarer sichtbar gemacht werden. Dies ermöglicht nicht nur eine tiefere Reflexion über die eigenen Emotionen, sondern auch das Identifizieren von Mustern, die zu negativen Komplexen führen. Das regelmäßige Schreiben kann auch als Ventil dienen, um Stress abzubauen und die eigenen Gedanken zu sortieren.

Visualisierungstechniken können ebenfalls effektiv sein, um negative Komplexe zu überwinden. Indem man sich vorstellt, wie man in bestimmten Situationen selbstbewusst und positiv reagiert, kann man seine Einstellung und sein Verhalten nachhaltig verändern. Diese Technik hilft nicht nur, das Selbstvertrauen zu stärken, sondern auch, die eigene Vorstellungskraft zu nutzen, um neue, positive Verhaltensweisen zu erproben, bevor man sie in der Realität anwendet.

Eine weitere nützliche Technik ist die kognitive Umstrukturierung. Hierbei geht es darum, negative Gedanken bewusst zu hinterfragen und durch positivere, realistischere Gedanken zu ersetzen. Man kann sich beispielsweise fragen, ob die eigenen negativen Annahmen tatsächlich der Realität entsprechen oder ob es alternative Sichtweisen gibt. Durch diese bewusste Auseinandersetzung mit den eigenen Denkmustern können tief verwurzelte Komplexe Schritt für Schritt abgebaut werden.

Zusätzlich zu diesen Techniken kann der Austausch mit anderen Menschen, sei es in Selbsthilfegruppen oder im Freundeskreis, von großem Nutzen sein. Gespräche über eigene Erfahrungen und Herausforderungen schaffen nicht nur ein Gefühl der Verbundenheit, sondern ermöglichen auch neue Perspektiven und Lösungsansätze. Der konstruktive Dialog mit anderen kann dazu beitragen, negative komplexe Gefühle in einem unterstützenden Umfeld zu verarbeiten und zu überwinden.

Kapitel 25: Die Rolle von Selbstliebe und Akzeptanz

Selbstakzeptanz entwickeln

Selbstakzeptanz ist ein fundamentaler Schritt im Prozess der persönlichen Entwicklung und des Umgangs mit negativen Komplexen. Sie bedeutet, sich selbst in seiner Gesamtheit anzunehmen, einschließlich der eigenen Schwächen, Fehler und Unsicherheiten. Dieser Prozess erfordert Zeit und Geduld, ist aber entscheidend, um ein gesundes Selbstbild zu entwickeln. Oft neigen Menschen dazu, sich selbst kritisch zu betrachten und ihre negativen Eigenschaften zu überbetonen, was zu einem Teufelskreis aus Selbstzweifeln und inneren Konflikten führt.

Ein wichtiger Aspekt der Selbstakzeptanz ist die Selbstreflexion. Indem wir uns die Zeit nehmen, über unsere Gedanken, Gefühle und Verhaltensweisen nachzudenken, können wir die zugrunde liegenden Ursachen unserer negativen Komplexe erkennen. Diese Erkenntnisse helfen uns, uns selbst besser zu verstehen und die Herausforderungen, vor denen wir stehen, aus einer neuen Perspektive zu betrachten. Es ist hilfreich, ein Tagebuch zu führen oder Gespräche mit vertrauenswürdigen Freunden oder Therapeuten zu führen, um diese Reflexion zu vertiefen.

Um Selbstakzeptanz zu entwickeln, ist es auch wichtig, negative Glaubenssätze zu hinterfragen. Oft sind wir von inneren Stimmen geprägt, die uns sagen, dass wir nicht gut genug sind oder dass wir bestimmte Erwartungen nicht erfüllen können. Diese Glaubenssätze sind häufig das Ergebnis von Erlebnissen in der Vergangenheit oder von gesellschaftlichen Normen. Indem wir diese Überzeugungen kritisch prüfen und durch positive Affirmationen ersetzen, können wir unsere Selbstwahrnehmung nachhaltig verändern.

Ein weiterer Schritt zur Selbstakzeptanz ist die Pflege von Selbstmitgefühl. Dies bedeutet, sich selbst mit der gleichen Freundlichkeit und dem gleichen Verständnis zu begegnen, die wir auch einem guten Freund entgegenbringen würden. Wenn wir Fehler machen oder Rückschläge erleben, sollten wir uns nicht verurteilen, sondern stattdessen die Situation als Teil des menschlichen Erlebens akzeptieren. Selbstmitgefühl hilft uns, uns von der Scham zu befreien, die oft mit negativen Komplexen einhergeht, und fördert ein gesundes Selbstwertgefühl.

Abschließend lässt sich sagen, dass die Entwicklung von Selbstakzeptanz ein fortwährender Prozess ist, der aktive Anstrengungen erfordert. Es ist eine Reise, die damit beginnt, sich selbst besser kennenzulernen, negative Glaubenssätze zu hinterfragen und sich mit Freundlichkeit und Mitgefühl zu begegnen. Je mehr wir uns selbst akzeptieren, desto besser können wir mit unseren negativen Komplexen umgehen und ein erfülltes, authentisches Leben führen. Selbstakzeptanz ist nicht das Ziel, sondern ein fortlaufender Prozess, der uns befähigt, mit uns selbst im Einklang zu leben.

Die Bedeutung von Selbstfürsorge

Die Bedeutung von Selbstfürsorge ist ein zentrales Thema, wenn es darum geht, negative Komplexe zu verstehen und zu überwinden. Selbstfürsorge umfasst nicht nur das physische Wohlbefinden, sondern auch die emotionale und geistige Gesundheit. In einer Welt, die oft von Stress und hohen Erwartungen geprägt ist, ist es entscheidend, sich selbst die notwendige Aufmerksamkeit und Pflege zu schenken. Dies bedeutet, sich Zeit für sich selbst zu nehmen, um die eigenen Bedürfnisse zu erkennen und zu erfüllen.

Ein wichtiger Aspekt der Selbstfürsorge ist die Selbstakzeptanz. Viele Menschen kämpfen mit inneren Konflikten und negativen Selbstbildern, die aus Erfahrungen in der Vergangenheit resultieren. Durch Selbstfürsorge lernen wir, uns selbst zu akzeptieren, wie wir sind, und unsere Schwächen als Teil unserer menschlichen Existenz zu betrachten. Diese Akzeptanz ist der erste Schritt zur Überwindung von Komplexen, da sie uns erlaubt, uns von dem Druck zu befreien, perfekt sein zu müssen.

Darüber hinaus spielt die Achtsamkeit eine wesentliche Rolle im Prozess der Selbstfürsorge. Achtsamkeit bedeutet, im Moment präsent zu sein und die eigenen Gedanken und Gefühle ohne Urteil zu beobachten. Durch regelmäßige Achtsamkeitsübungen können wir lernen, negative Gedankenmuster zu erkennen und zu hinterfragen. Dies führt zu einer bewussteren Auseinandersetzung mit unseren komplexen Emotionen und ermöglicht es uns, diese auf gesunde Weise zu verarbeiten.

Selbstfürsorge beinhaltet auch die Förderung von positiven Beziehungen. Der Austausch mit Freunden, Familie oder Gleichgesinnten kann eine wichtige Unterstützung im Umgang mit negativen Komplexen bieten. Indem wir uns in einem sicheren Umfeld öffnen, können wir nicht nur Verständnis und Empathie erfahren, sondern auch wertvolle Einsichten gewinnen, die uns helfen, unsere eigenen Herausforderungen besser zu bewältigen. Diese sozialen Verbindungen stärken unser Selbstwertgefühl und tragen zur emotionalen Stabilität bei.

Abschließend ist Selbstfürsorge kein einmaliger Prozess, sondern eine fortlaufende Praxis, die kontinuierliche Aufmerksamkeit erfordert. Indem wir regelmäßige Rituale der Selbstfürsorge in unseren Alltag integrieren, schaffen wir ein starkes Fundament, auf dem wir unsere negativen Komplexe angehen können. Das Engagement für uns selbst, unsere Bedürfnisse ernst zu nehmen und achtsam mit unseren Emotionen umzugehen, sind entscheidende Schritte auf dem Weg zu einem erfüllteren Leben.

Langfristige Strategien zur Selbstliebe

Langfristige Strategien zur Selbstliebe sind entscheidend, um negative Komplexe zu verstehen und zu überwinden. Selbstliebe ist ein Prozess, der Zeit und Geduld erfordert. Eine der grundlegenden Strategien ist die Selbstreflexion. Indem wir uns regelmäßig Zeit nehmen, um über unsere Gedanken, Gefühle und Verhaltensweisen nachzudenken, können wir Muster erkennen, die zu unserem negativen Selbstbild beitragen. Journaling kann hierbei ein hilfreiches Werkzeug sein. Durch das Aufschreiben unserer Erlebnisse und Emotionen gewinnen wir Klarheit über unsere inneren Konflikte und können gezielt an ihnen arbeiten.

Eine weitere wichtige Strategie ist die Entwicklung eines positiven Selbstdialogs. Viele Menschen neigen dazu, sich selbst hart zu kritisieren und negative Gedanken zu verstärken. Es ist entscheidend, diese negativen Glaubenssätze zu hinterfragen und durch positive Affirmationen zu ersetzen. Indem wir uns selbst ermutigen und freundlich mit uns umgehen, fördern wir ein gesundes Selbstbild. Regelmäßige Übungen, bei denen wir uns selbst loben und positive Eigenschaften betonen, können helfen, das Selbstwertgefühl nachhaltig zu stärken.

Zusätzlich spielt die Selbstfürsorge eine zentrale Rolle in der Förderung der Selbstliebe. Dies umfasst sowohl physische als auch psychische Aspekte. Regelmäßige Bewegung, gesunde Ernährung und ausreichend Schlaf sind grundlegende Voraussetzungen für ein gutes Wohlbefinden. Auch die Schaffung von Auszeiten, in denen wir uns mit Aktivitäten beschäftigen, die uns Freude bereiten, fördert unsere Selbstliebe. Es ist wichtig, sich bewusst Zeit für sich selbst zu nehmen und die eigenen Bedürfnisse ernst zu nehmen.

Ein weiterer Aspekt ist die Umgebungsanalyse. Die Menschen, mit denen wir uns umgeben, haben einen erheblichen Einfluss auf unser Selbstbild. Es ist ratsam, Beziehungen zu pflegen, die uns unterstützen und inspirieren. Gleichzeitig sollten toxische Beziehungen identifiziert und gegebenenfalls beendet werden. Der Austausch mit Gleichgesinnten oder das Suchen von Unterstützung in Selbsthilfegruppen kann ebenfalls zur Stärkung der Selbstliebe beitragen. In einer positiven Umgebung fällt es leichter, sich selbst anzunehmen und zu lieben.

Schließlich ist die Geduld eine unerlässliche Eigenschaft auf dem Weg zur Selbstliebe. Veränderungen geschehen nicht über Nacht, und es ist normal, Rückschläge zu erleben. Es ist wichtig, sich selbst in schwierigen Zeiten Mitgefühl entgegenzubringen und den eigenen Fortschritt zu würdigen. Indem wir diese langfristigen Strategien kontinuierlich anwenden, können wir unsere negativen Komplexe allmählich überwinden und eine tiefere Verbindung zu uns selbst aufbauen. Selbstliebe ist nicht nur ein Ziel, sondern eine lebenslange Reise, die uns zu einem erfüllteren Leben führt.

Kapitel 26: Erfolgsgeschichten - Überwindung negativer Komplexe

Inspirierende Beispiele aus dem Leben

Das Überwinden negativer Komplexe ist für viele Menschen eine herausfordernde Reise. Zahlreiche Persönlichkeiten aus unterschiedlichen Lebensbereichen haben bewiesen, dass es möglich ist, innere Dämonen zu besiegen und ein erfülltes Leben zu führen. Diese Beispiele können als Inspiration dienen und zeigen, dass Schwierigkeiten nicht das Ende sind, sondern oft der Anfang eines neuen Kapitels im Leben.

Ein herausragendes Beispiel ist der berühmte Physiker Albert Einstein, der in seiner Kindheit als ungeschickt und lernschwach galt. Trotz dieser negativen Wahrnehmung entwickelte er eine Leidenschaft für die Wissenschaft und stellte schließlich die Relativitätstheorie auf, die die Grundlagen der modernen Physik revolutionierte. Einsteins Geschichte verdeutlicht, dass frühe Rückschläge nicht das Potenzial eines Menschen bestimmen. Vielmehr kann der Glaube an sich selbst und der Wille zur Veränderung entscheidend sein.

Ein weiteres bemerkenswertes Beispiel ist die Schauspielerin Jennifer Aniston, die in ihrer Jugend mit Selbstzweifeln und dem Druck der Schönheitsideale kämpfte. Durch harte Arbeit und Selbstakzeptanz gelang es ihr, sich von den äußeren Erwartungen zu befreien und eine erfolgreiche Karriere in Hollywood aufzubauen. Anistons Weg zeigt, wie wichtig es ist, die eigenen Werte zu erkennen und zu schätzen, um negative Gedankenmuster zu überwinden und das eigene Potenzial zu entfalten.

Auch im Sport finden sich inspirierende Geschichten. Der Basketballspieler Michael Jordan, der in der High School aus dem Team geworfen wurde, ließ sich von diesem Rückschlag nicht entmutigen. Stattdessen nutzte er die Gelegenheit, um sich zu verbessern und arbeitete unermüdlich an seinen Fähigkeiten. Diese Entschlossenheit führte dazu, dass er zu einem der größten Spieler aller Zeiten wurde. Jordans Beispiel verdeutlicht, dass Misserfolge oft die besten Lehrmeister sind und dass Ausdauer und Hingabe der Schlüssel zum Erfolg sind.

Schließlich ist die Geschichte von Malala Yousafzai, einer pakistanischen Aktivistin für Mädchenbildung, ein weiteres Beispiel für die Überwindung negativer

Komplexe. Nach einem Attentat, das sie fast das Leben kostete, kämpfte sie weiterhin für ihre Überzeugungen und wurde zur jüngsten Nobelpreisträgerin. Malalas Mut und Entschlossenheit zeigen, dass es möglich ist, selbst die tiefsten Ängste zu überwinden und für das einzustehen, was einem wichtig ist. Ihre Geschichte inspiriert viele Menschen, ihre eigenen Herausforderungen anzunehmen und sich für positive Veränderungen einzusetzen.

Lektionen aus realen Erfahrungen

Die Auseinandersetzung mit negativen Komplexen ist ein Prozess, der oft durch persönliche Erfahrungen geprägt wird. Menschen, die sich ihren inneren Schatten stellen, berichten häufig von Schlüsselmomenten in ihrem Leben, die ihnen halfen, ihre Ängste und Unsicherheiten zu erkennen und zu überwinden. Diese realen Erfahrungen bieten wertvolle Lektionen, die nicht nur individuell, sondern auch kollektiv von Bedeutung sind. Sie zeigen, dass der Weg zur Selbstakzeptanz und inneren Heilung oft steinig, aber letztlich lohnend ist.

Ein häufiges Thema in den Berichten von Menschen, die ihre negativen Komplexe überwunden haben, ist die Bedeutung von Selbstreflexion. Viele erzählen, dass sie erst durch das bewusste Nachdenken über ihre eigenen Gedanken und Gefühle in der Lage waren, die Wurzeln ihrer Komplexe zu erkennen. Diese Reflexion führt oft zu einem tieferen Verständnis der eigenen Geschichte und der Einflüsse, die das Selbstbild geprägt haben. Die Lektion hier ist klar: Selbstreflexion ist ein unverzichtbarer Schritt, um die Schatten in uns zu beleuchten und zu verstehen.

Darüber hinaus betonen viele, wie wichtig es ist, Unterstützung von außen zu suchen. Sei es durch Gespräche mit Freunden, Familienmitgliedern oder Fachleuten, das Teilen von Erfahrungen kann eine befreiende Wirkung haben. Die Lektion, die sich daraus ableitet, ist, dass wir nicht allein sind in unseren Kämpfen. Das Erkennen, dass andere ähnliche Herausforderungen bewältigt haben, kann Mut machen und neue Perspektiven eröffnen. Der Austausch über unsere Erfahrungen kann nicht nur helfen, negative Komplexe zu relativieren, sondern auch das Gefühl der Isolation verringern.

Ein weiterer zentraler Aspekt, der in den Erfahrungen vieler Menschen hervorgehoben wird, ist die Rolle von Misserfolgen und Rückschlägen. Diese Momente, die oft als negativ empfunden werden, können als wertvolle Lehrmeister fungieren. Sie lehren uns Resilienz und die Fähigkeit, aus Fehlern zu lernen. Die Lektion hier ist, dass Misserfolge nicht das Ende sind, sondern Gelegenheiten zur persönlichen Weiterentwicklung. Indem wir lernen, unsere Fehler zu akzeptieren und sie als Teil des Lebens anzunehmen, können wir unsere negativen Komplexe besser verstehen und überwinden.

Schließlich zeigt sich in den Berichten, dass das Erlernen von Selbstliebe und Akzeptanz eine entscheidende Rolle spielt. Viele Menschen berichten, dass sie erst durch die bewusste Entscheidung, sich selbst zu akzeptieren und zu lieben, eine tiefgreifende Veränderung erfahren haben. Diese Lektion ist besonders wichtig: Selbstliebe ist kein Ziel, sondern ein fortwährender Prozess, der Geduld und Engagement erfordert. Die Erkenntnis, dass wir mit unseren Unvollkommenheiten wertvoll sind, ist der Schlüssel zur Überwindung unserer inneren Schatten und zur Förderung einer gesunden Selbstwahrnehmung.

Wie andere ihren Weg gefunden haben

In der Auseinandersetzung mit negativen Komplexen ist es oft hilfreich, von den Erfahrungen anderer zu lernen. Viele Menschen haben in ähnlichen Situationen gesteckt und Wege gefunden, ihre inneren Schatten zu verstehen und zu überwinden. Diese Geschichten können inspirierend sein und zeigen, dass Veränderung möglich ist. Der erste Schritt besteht häufig darin, sich den eigenen Ängsten und Unsicherheiten zu stellen, was nicht immer einfach ist. Doch die Bereitschaft, sich mit der eigenen Vergangenheit auseinanderzusetzen, kann zu einem entscheidenden Wendepunkt im Leben führen.

Ein Beispiel ist die Geschichte von Anna, die als Kind oft wegen ihres Gewichts gehänselt wurde. Diese negativen Erfahrungen führten dazu, dass sie ein tiefes Ungleichgewicht in ihrem Selbstwertgefühl entwickelte. Anna begann, sich mit ihrer Vergangenheit auseinanderzusetzen, indem sie eine Therapie in Anspruch nahm. Hier lernte sie, ihre Kindheitserinnerungen zu reflektieren und die negativen Glaubenssätze, die sie über sich selbst entwickelt hatte, zu hinterfragen. Durch Unterstützung und Selbstreflexion konnte sie schließlich ihren

Selbstwert wieder aufbauen und ein gesünderes Verhältnis zu ihrem Körper entwickeln.

Ein weiteres Beispiel ist der Werdegang von Markus, der in seiner Jugend unter sozialer Angst litt. Diese Unsicherheiten hinderten ihn daran, neue Freundschaften zu schließen und seine Träume zu verfolgen. Durch den Austausch mit Gleichgesinnten in Selbsthilfegruppen fand Markus die Kraft, seine Ängste offen zu thematisieren. Diese Gemeinschaft bot ihm nicht nur Rückhalt, sondern auch wertvolle Strategien zur Bewältigung seiner sozialen Ängste. Im Laufe der Zeit lernte er, sich in sozialen Situationen wohler zu fühlen und seine Ängste nicht mehr als unüberwindbare Hürden zu betrachten.

Die Geschichten von Anna und Markus verdeutlichen, dass es oft notwendig ist, Unterstützung von außen zu suchen, um negative Komplexe zu überwinden. Viele Menschen finden in Therapien, Selbsthilfegruppen oder durch das Lesen inspirierender Literatur den Mut, sich ihren Herausforderungen zu stellen. Der Austausch mit anderen, die ähnliche Erfahrungen gemacht haben, kann nicht nur tröstend sein, sondern auch neue Perspektiven eröffnen. Diese Interaktionen fördern ein

Gefühl der Zugehörigkeit und ermutigen zu persönlichem Wachstum.

Schließlich zeigt sich, dass der Weg zur Überwindung negativer Komplexe individuell gestaltet werden muss. Jeder Mensch bringt seine eigene Geschichte und seine einzigartigen Herausforderungen mit. Es ist wichtig, dass jeder für sich selbst herausfindet, welche Strategien und Ressourcen am besten geeignet sind, um den eigenen Schatten zu begegnen. Die Erlebnisse anderer können dabei als wertvolle Anregungen dienen, um den eigenen Weg zu finden und letztendlich zu einem selbstbewussteren und erfüllteren Leben zu gelangen.

Der Weg zur inneren Stärke

Der Weg zur inneren Stärke ist eine entscheidende Reise, die jeder Mensch antreten kann, um die eigenen negativen Komplexe zu verstehen und zu überwinden. Innere Stärke ist nicht nur ein Zustand des Geistes, sondern auch eine Fähigkeit, die entwickelt und kultiviert werden kann. Die Auseinandersetzung mit den eigenen Unsicherheiten und Schwächen ist der erste Schritt in diese Richtung. Indem wir uns mit unseren Schatten auseinandersetzen, erkennen wir, dass diese Herausforderungen nicht unsere Identität definieren, sondern lediglich Teile unseres Lebens sind, die wir transformieren können.

Ein wichtiger Aspekt auf diesem Weg ist die Selbstakzeptanz. Viele Menschen kämpfen mit dem Druck, perfekt sein zu müssen, was oft zu einem Gefühl der Unzulänglichkeit führt. Die Akzeptanz der eigenen Fehler und Schwächen ist jedoch essenziell, um innere Stärke zu entwickeln. Es ist wichtig zu verstehen, dass jeder Mensch Schwächen hat und dass diese Teil des Menschseins sind. Durch die Annahme unserer Unvollkommenheiten können wir beginnen, uns selbst zu lieben und bereit sein, an uns zu arbeiten, ohne uns in Selbstkritik zu verlieren.

Ein weiterer Schritt zur inneren Stärke ist die Reflexion. Indem wir regelmäßig innehalten und über unsere Erfahrungen, Gedanken und Emotionen nachdenken, können wir Muster erkennen, die uns möglicherweise behindern. Diese Reflexion hilft uns, zu identifizieren, woher unsere negativen Komplexe stammen und welche Glaubenssätze wir möglicherweise unbewusst übernommen haben. Ein Tagebuch zu führen oder mit einer vertrauten Person zu sprechen, kann dabei unterstützen, Klarheit zu gewinnen und neue Perspektiven zu entwickeln.

Die Entwicklung von Resilienz ist ein weiterer Schlüssel zur inneren Stärke. Resilienz beschreibt die Fähigkeit, Rückschläge zu überwinden und gestärkt aus schwierigen Situationen hervorzugehen. Um Resilienz zu fördern, können wir Strategien wie positive Selbstgespräche, das Setzen realistischer Ziele und die Pflege sozialer Kontakte nutzen. Diese Strategien stärken nicht nur unser Selbstbewusstsein, sondern helfen uns auch, eine positive Einstellung gegenüber Herausforderungen zu entwickeln.

Schließlich ist es wichtig, dass wir uns aktiv um unsere persönliche Entwicklung kümmern. Dies kann durch Weiterbildung, neue Erfahrungen oder das Erlernen neuer Fähigkeiten geschehen. Jede neue Herausforderung, die wir annehmen, trägt dazu bei, unser Selbstvertrauen zu stärken und unsere innere Stärke zu festigen. Indem wir proaktiv an unserer Entwicklung arbeiten, verwandeln wir unsere negativen Komplexe in Chancen für Wachstum und Selbstverwirklichung. Der Weg zur inneren Stärke ist somit ein fortwährender Prozess, der uns nicht nur hilft, unsere Schatten zu erkennen, sondern auch zu integrieren und zu überwinden.

Zukunftsperspektiven und Herausforderungen

In der Auseinandersetzung mit negativen Komplexen eröffnen sich sowohl Zukunftsperspektiven als auch Herausforderungen, die für die persönliche Entwicklung von entscheidender Bedeutung sind. Die Fähigkeit, sich mit eigenen Unsicherheiten und Ängsten auseinanderzusetzen, kann langfristig zu einem gestärkten Selbstbewusstsein führen. In einer Gesellschaft, die zunehmend auf individuelle Stärken und Resilienz setzt, wird die Arbeit an negativen Komplexen als eine essentielle Kompetenz betrachtet. Die Zukunft hält somit die Möglichkeit bereit, durch die Überwindung innerer Schatten ein erfüllteres Leben zu führen.

Jedoch sind die Herausforderungen, die mit der Bewältigung negativer Komplexe einhergehen, nicht zu unterschätzen. Viele Menschen empfinden Scham oder Angst, ihre Schwächen offen zu thematisieren. Dies kann zu einem Teufelskreis führen, in dem sich negative Gedanken und Gefühle verstärken. Um diesen Kreislauf zu durchbrechen, ist es wichtig, ein unterstützendes Umfeld zu schaffen, das den Austausch über persönliche Herausforderungen fördert. Dies erfordert Mut und die Bereitschaft, sich verletzlich zu zeigen, was für viele ein großer Schritt darstellt.

Eine weitere Herausforderung besteht darin, dass der Prozess der Selbstreflexion oft langwierig und schmerzhaft sein kann. Es ist nicht ungewöhnlich, dass Menschen in alte Verhaltensmuster zurückfallen, insbesondere wenn sie mit Stress oder Rückschlägen konfrontiert werden. Um dem entgegenzuwirken, sollten Strategien entwickelt werden, die eine kontinuierliche Auseinandersetzung mit den eigenen Komplexen unterstützen. Dazu gehören beispielsweise regelmäßige Reflexion, das Führen eines Tagebuchs oder der Austausch in Selbsthilfegruppen.

Die Zukunftsperspektiven, die sich aus einer erfolgreichen Auseinandersetzung mit negativen Komplexen ergeben, sind vielfältig. Menschen, die gelernt haben, ihre inneren Schatten zu akzeptieren, berichten häufig von einer erhöhten Lebenszufriedenheit und einem besseren Umgang mit

Stresssituationen. Sie sind in der Lage, ihre Emotionen besser zu regulieren und gesündere Beziehungen zu anderen aufzubauen. Diese positiven Entwicklungen können nicht nur das individuelle Wohlbefinden steigern, sondern auch das soziale Miteinander bereichern.

Abschließend lässt sich sagen, dass die Auseinandersetzung mit negativen Komplexen ein dynamischer Prozess ist, der sowohl Herausforderungen als auch Chancen bietet. Um die Zukunft aktiv zu gestalten, ist es wichtig, eine positive Grundeinstellung zu entwickeln und die eigenen Fortschritte zu würdigen. Indem wir uns unseren Schatten stellen und lernen, mit ihnen umzugehen, können wir nicht nur unser persönliches Wachstum fördern, sondern auch einen wertvollen Beitrag zu einer empathischen und verständnisvollen Gesellschaft leisten.

Gedanken und Ermutigung

In der Auseinandersetzung mit unseren negativen Komplexen ist es von wesentlicher Bedeutung, einen abschließenden Blick auf die gewonnenen Erkenntnisse zu werfen. Die Reise, die wir unternommen haben, um unsere inneren Schatten zu verstehen und zu überwinden, ist nicht nur eine individuelle, sondern auch eine kollektive Erfahrung. Jeder Mensch trägt seine eigenen Unsicherheiten und Ängste in sich, und es ist wichtig, sich daran zu erinnern, dass wir nicht allein sind. Der Umgang mit negativen Komplexen erfordert Mut und Selbstreflexion, und gerade diese Prozesse können zu einem tiefen Verständnis unserer selbst führen.

Ein zentraler Aspekt des Überwindens negativer Komplexe ist die Akzeptanz. Wir müssen lernen, uns selbst mit all unseren Schwächen zu akzeptieren. Diese Akzeptanz ist der erste Schritt zur Veränderung. Indem wir uns unseren Ängsten und Unsicherheiten stellen, schaffen wir Raum für persönliches Wachstum und die Möglichkeit, unsere Stärken zu entdecken. Die Reise ist oft herausfordernd, doch die Belohnungen eines authentischen Lebens sind unvergleichlich. Jeder Schritt in Richtung Selbstakzeptanz bringt uns näher zu einem erfüllten und selbstbestimmten Leben.

Ermutigung spielt eine entscheidende Rolle auf diesem Weg. Es ist wichtig, sich selbst zu motivieren und positive Gedanken zu kultivieren. Negative Gedankenmuster können uns in eine Abwärtsspirale führen, doch durch bewusstes Umdenken können wir diese Dynamik durchbrechen. Affirmationen und positive Selbstgespräche sind wirkungsvolle Werkzeuge, um das eigene Selbstbild zu stärken und zu verändern. Wir sollten uns regelmäßig daran erinnern, dass wir die Fähigkeit besitzen, unsere Realität aktiv zu gestalten und unsere Komplexe nicht unser Leben bestimmen müssen.

Darüber hinaus ist es entscheidend, ein unterstützendes Umfeld zu schaffen. Die Menschen, mit denen wir Zeit verbringen, können einen enormen Einfluss auf unsere Selbstwahrnehmung haben. Es lohnt sich, Beziehungen zu pflegen, die uns ermutigen und inspirieren. Der Austausch mit anderen, die ähnliche Herausforderungen durchleben, kann uns helfen, Perspektiven zu gewinnen und neue Strategien zur Bewältigung unserer Komplexe zu entwickeln. Gemeinsam können wir die Schatten in uns erkennen und in Licht verwandeln.

Abschließend möchte ich betonen, dass der Weg zur Überwindung negativer Komplexe ein fortlaufender Prozess ist. Es wird Rückschläge geben, aber auch

Fortschritte. Jeder kleine Sieg zählt und trägt zu unserem Wachstum bei. Seien Sie geduldig mit sich selbst und feiern Sie jeden Schritt, den Sie in Richtung Selbstliebe und Akzeptanz machen. Lassen Sie sich von der Hoffnung leiten, dass es möglich ist, die Schatten in uns zu verstehen und zu überwinden. Jeder von uns hat die Kraft, ein erfülltes Leben zu führen, frei von den Fesseln negativer Komplexe.

Kapitel 27: Liebe heilt Wunden - Ein Weg aus der Mobbing-Falle

Die Macht der Liebe

Liebe ist ein Gefühl, das tief in unserem Inneren verwurzelt ist und uns mit anderen Menschen verbindet. Es ist eine Kraft, die uns inspiriert, motiviert und uns dazu bringt, über uns hinauszuwachsen. In einer Welt, in der Mobbing und Ausgrenzung häufige Begleiter sind, kann die Liebe als Licht fungieren, das uns den Weg weist. Sie gibt uns den Mut, auch in schwierigen Zeiten zu bestehen und zu kämpfen, und hilft uns, die Wunden, die das Mobbing hinterlässt, zu heilen.

Wenn wir von Liebe sprechen, denken wir oft an romantische Beziehungen oder familiäre Bindungen. Doch Liebe ist viel mehr als das. Sie ist die Fähigkeit, Empathie und Mitgefühl für andere zu empfinden. Diese Art von Liebe ermöglicht es uns, Mobbing nicht nur zu erkennen, sondern auch aktiv dagegen anzugehen. Indem wir uns in die Lage derjenigen versetzen, die leiden, können wir eine Gemeinschaft schaffen, die auf Solidarität und Unterstützung basiert. So wird Liebe zu einem wirkungsvollen Instrument im Kampf gegen Ungerechtigkeit.

Die Liebe zu uns selbst ist ebenso wichtig, um die Herausforderungen des Lebens zu meistern. Wenn wir uns selbst akzeptieren und wertschätzen, sind wir weniger anfällig für die negativen Auswirkungen von Mobbing. Diese innere Stärke gibt uns die Fähigkeit, uns gegen Angriffe zu wehren und die negativen Stimmen, die uns umgeben, zu ignorieren. Liebe ist somit ein Schutzschild, das uns vor der Härte der Welt bewahrt und uns ermutigt, unser wahres Ich zu zeigen.

Darüber hinaus hat Liebe die Kraft, Brücken zwischen Menschen zu bauen. Sie fördert den Dialog und das Verständnis, selbst zwischen denjenigen, die scheinbar unüberwindbare Differenzen haben. In einer Zeit, in der

Mobbing oft aus Missverständnissen und Vorurteilen resultiert, können liebevolle Gespräche und ehrliches Interesse aneinander dazu beitragen, Barrieren abzubauen. Die Verbindung, die durch Liebe entsteht, kann das Fundament für Respekt und Akzeptanz bilden.

Schließlich ist es wichtig zu erkennen, dass Liebe nicht immer einfach ist. Sie erfordert Mut, Geduld und oft auch den Willen, Verletzungen zu überwinden. Doch die Belohnungen sind es wert. Wenn wir Liebe in unser Leben lassen, verwandeln wir Schmerz in Heilung und Isolation in Gemeinschaft. Liebe lehrt uns, dass wir nicht allein sind und dass wir die Kraft haben, sowohl uns selbst als auch anderen zu helfen. In der Auseinandersetzung mit Mobbing ist sie der Schlüssel zu einem stärkeren, gesünderen und glücklicheren Leben.

Die Rolle von Liebe im Leben

Die Rolle von Liebe im Leben ist ein zentraler Aspekt, der oft übersehen wird, insbesondere in Zeiten von Herausforderungen und Schmerz. Liebe hat die bemerkenswerte Fähigkeit, uns zu heilen und uns durch schwierige Zeiten zu tragen. Im Kontext von Mobbing wird diese Rolle noch deutlicher. Wenn wir von anderen verletzt werden, kann die Liebe von Freunden, Familie oder sogar von uns selbst wie ein Lichtstrahl in der Dunkelheit wirken. Sie bietet Trost, Verständnis und Unterstützung, die wir dringend benötigen, um die Wunden zu heilen, die uns zugefügt wurden.

Die Kraft der Liebe zeigt sich in der Art und Weise, wie sie uns ermutigt, an unsere eigene Stärke zu glauben. Wenn wir in der Mobbing-Falle gefangen sind, kann es leicht sein, unser Selbstwertgefühl zu verlieren. Doch die Liebe, die wir empfangen oder geben, kann uns daran erinnern, wer wir wirklich sind. Sie hilft uns, unsere inneren Ressourcen zu aktivieren und uns nicht von den negativen Erfahrungen entmutigen zu lassen. Indem wir Liebe empfangen und weitergeben, stärken wir nicht nur uns selbst, sondern auch die Gemeinschaft um uns herum.

Darüber hinaus spielt die Liebe eine entscheidende Rolle bei der Schaffung von Verbindungen. Diese Verbindungen sind besonders wichtig, wenn wir uns isoliert oder verletzt fühlen. Die emotionale

Unterstützung, die aus diesen Beziehungen hervorgeht, ist von unschätzbarem Wert. Sie gibt uns das Gefühl, dass wir nicht allein sind und dass es Menschen gibt, die uns verstehen und für uns da sind. Diese positiven Interaktionen können den Teufelskreis des Mobbings durchbrechen und uns helfen, uns wieder sicher und geborgen zu fühlen.

Liebe inspiriert uns auch dazu, mit Mitgefühl und Empathie auf andere zuzugehen. Wenn wir selbst geliebt werden, sind wir eher bereit, diese Liebe weiterzugeben. Diese Dynamik kann einen positiven Wandel bewirken, nicht nur in unserem eigenen Leben, sondern auch im Leben der Menschen um uns herum. Indem wir uns gegenseitig unterstützen und stärken, können wir eine Kultur des Respekts und der Wertschätzung schaffen, die Mobbing und negative Verhaltensweisen in den Hintergrund drängt.

Schließlich ist es wichtig zu erkennen, dass die Liebe zu uns selbst eine fundamentale Rolle spielt. Selbstliebe ist der Grundstein für unser emotionales Wohlbefinden und unsere Fähigkeit, in schwierigen Zeiten zu bestehen. Wenn wir lernen, uns selbst zu akzeptieren und zu schätzen, wird es leichter, die negative Energie des Mobbings abzuwehren. Liebe heilt Wunden, nicht nur durch die Unterstützung anderer, sondern auch durch die innere Stärke, die wir entwickeln, wenn wir uns selbst lieben. Diese Reise zur Selbstliebe ist ein wichtiger Schritt auf dem Weg zur Heilung und zur Überwindung von Mobbing.

Liebe als Heilmittel

Liebe hat eine bemerkenswerte Kraft, die weit über romantische Beziehungen hinausgeht. Sie ist ein universelles Gefühl, das Menschen miteinander verbindet und hilft, die tiefsten Wunden zu heilen. In Zeiten von Mobbing, wo Isolation und Schmerz oft vorherrschen, kann die Liebe wie ein Lichtstrahl in der Dunkelheit wirken. Sie gibt uns den Mut, uns selbst zu akzeptieren und an unsere Stärken zu glauben. Wenn wir uns geliebt und unterstützt fühlen, können wir die negativen Auswirkungen von Mobbing besser bewältigen und unsere innere Widerstandskraft aufbauen.

Das Gefühl der Zugehörigkeit, das durch Liebe entsteht, ist ein entscheidender Faktor im Heilungsprozess. Freunde, Familie oder sogar Mitstreiter können eine entscheidende Rolle spielen, indem sie uns zeigen, dass wir nicht allein sind. Diese Verbindungen stärken unser Selbstwertgefühl und helfen uns, die negativen Stimmen, die uns durch Mobbing erreichen, zu ignorieren. Die Umarmung eines Freundes oder das aufmunternde Wort eines Familienmitglieds können Wunder wirken und uns daran erinnern, dass wir wertvoll sind, unabhängig von den Meinungen anderer.

Darüber hinaus fördert die Liebe die Empathie und das Verständnis, sowohl für uns selbst als auch für andere. Indem wir Liebe empfangen, sind wir besser in der Lage, Liebe zu geben. Diese wechselseitige Beziehung kann eine Kettenreaktion auslösen, die nicht nur unsere eigenen Wunden heilt, sondern auch das Umfeld um uns herum positiv beeinflusst. Wenn wir die Fähigkeit entwickeln, für andere da zu sein, auch wenn wir selbst leiden, finden wir einen tieferen Sinn in unserer Existenz und stärken unser emotionales Wohlbefinden.

In der Heilung von Mobbing ist die Selbstliebe von zentraler Bedeutung. Oft neigen wir dazu, uns selbst abzuwerten, besonders nachdem wir negative Erfahrungen gemacht haben. Durch die Praxis der Selbstliebe lernen wir, uns selbst mit Freundlichkeit und Verständnis zu begegnen. Diese innere Liebe ist der erste Schritt, um die äußeren Herausforderungen zu überwinden. Wenn wir lernen, uns selbst zu akzeptieren und zu lieben, können wir auch anderen gegenüber offener und liebevoller sein, was wiederum unser soziales Netzwerk stärkt.

Letztlich ist Liebe nicht nur ein Gefühl, sondern eine kraftvolle Entscheidung, die wir täglich treffen können. Sie erfordert Mut, Empathie und die Bereitschaft, verletzlich zu sein. Wenn wir uns für die Liebe entscheiden, entscheiden wir uns auch dafür, die negativen Einflüsse des Mobbings zurückzulassen und einen Weg zur Heilung zu finden. Diese Entscheidung kann der Schlüssel sein, um aus der Mobbing-Falle zu entkommen und ein erfülltes Leben zu führen, das von positiven Beziehungen und innerem Frieden geprägt ist.

Im Kontext von "Liebe heilt Wunden" wird deutlich, dass Mobbing nicht nur eine Herausforderung ist, sondern auch eine Gelegenheit zur persönlichen Weiterentwicklung. Die Erfahrungen, die Menschen in Mobbing-Situationen machen, können sie dazu anregen, ihre eigenen Stärken zu entdecken und ihre Resilienz zu erhöhen. Die Liebe – sei es die Selbstliebe oder die Unterstützung durch geliebte Menschen –

kann als kraftvolle Waffe gegen die negativen Auswirkungen von Mobbing dienen. Sie hilft, das Selbstwertgefühl wieder aufzubauen und den Glauben an sich selbst zu stärken.

Ein zentraler Aspekt der Mobbing-Definition ist die Langfristigkeit der Folgen. Die emotionalen und psychologischen Narben, die durch Mobbing entstehen, können Jahre nach den Vorfällen noch nachwirken. Es ist entscheidend, diese Auswirkungen ernst zu nehmen und den betroffenen Personen die nötige Unterstützung zukommen zu lassen. Die Liebe von Freunden, Familie oder auch Therapeuten kann dabei helfen, diese Wunden zu heilen und den Weg zur Genesung zu ebnen.

Die Kraft der Liebe bietet einen Ausweg aus dieser Falle. Indem wir Liebe als heilende Kraft anerkennen, können wir nicht nur die Wunden von Mobbing heilen, sondern auch eine Gemeinschaft schaffen, in der jeder Einzelne Wertschätzung und Respekt erfährt. Liebe ist der Schlüssel, um die Spirale des Mobbings zu durchbrechen und einen Neuanfang zu wagen.

Die Auswirkungen von Mobbing

Die Auswirkungen von Mobbing sind tiefgreifend und betreffen nicht nur das unmittelbare Opfer, sondern auch das gesamte soziale Umfeld. Mobbing hinterlässt oft seelische Narben, die Jahre später noch spürbar sind. Die ständige Angst vor Ablehnung und der Verlust des Selbstwertgefühls können dazu führen, dass die Betroffenen sich zurückziehen und die Freude am Leben verlieren. In dieser Dunkelheit ist es oft die Liebe, die wie ein Lichtstrahl wirkt und den Weg zurück zur Hoffnung zeigt.

Die emotionale Belastung, die durch Mobbing entsteht, kann zu ernsthaften psychischen Erkrankungen führen, wie Depressionen oder Angststörungen. Viele Opfer kämpfen damit, ihre Erlebnisse zu verarbeiten, was zu einem Teufelskreis aus Isolation und Verzweiflung führt. Doch genau hier zeigt sich die transformative Kraft der Liebe. Sie kann als heilendes Element fungieren, das die Wunden des Mobbings lindert und den Menschen ermutigt, sich wieder zu öffnen und neue Beziehungen aufzubauen.

Liebe hat die Fähigkeit, Vertrauen zu schaffen und die Verbindung zu anderen zu stärken. Wenn Menschen in ihrem Umfeld Mitgefühl und Unterstützung erfahren, können sie beginnen, ihre Erfahrungen zu verarbeiten und sich von den negativen Auswirkungen des Mobbings zu befreien. Diese positiven Beziehungen sind wie ein Sicherheitsnetz, das den Betroffenen Halt gibt und sie ermutigt, ihre Stimme wiederzufinden. In solchen Momenten wird deutlich, dass die Gemeinschaft und die Liebe der Menschen um uns herum eine entscheidende Rolle für die Heilung spielen.

Darüber hinaus kann die Liebe auch dazu beitragen, das Selbstbewusstsein der Betroffenen wieder aufzubauen. Wenn wir von Menschen umgeben sind, die uns akzeptieren und schätzen, beginnen wir, uns selbst ebenfalls wertzuschätzen. Diese neu gewonnene Stärke kann dazu führen, dass ehemalige Mobbingopfer aktiv gegen die Ungerechtigkeiten in ihrem Leben angehen. Sie werden zu Botschaftern der Veränderung und inspirieren andere, sich gegen Mobbing zu wehren und sich für eine liebevolle, respektvolle Gemeinschaft einzusetzen.

Die Reise aus der Mobbing-Falle ist oft lang und beschwerlich, aber sie ist nicht unmöglich. Mit der Kraft der Liebe, die uns umgibt und uns unterstützt, können wir die Wunden heilen und zu einem erfüllten Leben zurückfinden. Es ist wichtig zu erkennen, dass wir nie allein sind und dass die Liebe uns dazu ermutigt, auch in den dunkelsten Zeiten weiterzumachen. Indem wir uns gegenseitig stärken und die Liebe als unsere größte Waffe gegen Mobbing nutzen, können wir einen nachhaltigen Wandel in der Gesellschaft bewirken.

Liebe ist ein mächtiges Heilmittel.

Liebe, in all ihren Formen, kann eine heilende Wirkung entfalten. Sie bietet nicht nur Trost, sondern auch eine wertvolle Unterstützung, die es den Betroffenen ermöglicht, die negativen Auswirkungen von Mobbing zu überwinden. Die Zuwendung und das Verständnis von geliebten Menschen können ein starkes Gegengewicht zum Schmerz der Mobbing-Erfahrungen bilden. Wenn Menschen erleben, dass sie geliebt und akzeptiert werden, können sie beginnen, ihr Selbstwertgefühl wieder aufzubauen und die dunklen Schatten des Mobbings hinter sich zu lassen.

In Beziehungen, die auf Liebe und Vertrauen basieren, können Betroffene lernen, ihre Verletzungen zu verarbeiten. Die Möglichkeit, über Erfahrungen und

Gefühle zu sprechen, ohne Angst vor Verurteilung zu haben, ist ein entscheidender Schritt auf dem Weg zur Heilung. Diese Gespräche schaffen nicht nur Verständnis, sondern auch eine Brücke zur Selbstakzeptanz. Indem die Betroffenen ihre Geschichten teilen, erkennen sie, dass sie nicht allein sind und dass ihre Erfahrungen von anderen nachvollzogen werden können.

Darüber hinaus fördert die Liebe die Resilienz – die Fähigkeit, sich von Rückschlägen zu erholen und gestärkt aus ihnen hervorzugehen. Die Unterstützung durch Freunde, Familie oder Partner gibt den Betroffenen das Gefühl von Sicherheit und Geborgenheit. Diese emotionale Stabilität ist essenziell, um die schädlichen Gedankenmuster zu durchbrechen, die oft mit Mobbing einhergehen. Mit jedem Akt der Liebe und Fürsorge wird die innere Stärke der Betroffenen neu entfacht und sie finden den Mut, ihr Leben aktiv zu gestalten.

Letztlich ist die Botschaft klar: Liebe ist ein mächtiges Heilmittel. Sie kann die tiefsten Wunden heilen und denjenigen helfen, die unter den psychologischen Folgen von Mobbing leiden. Indem wir uns gegenseitig unterstützen und ermutigen, können wir eine

Gemeinschaft schaffen, die nicht nur die Narben der Vergangenheit anerkennt, sondern auch eine Zukunft voller Hoffnung und Stärke aufbaut. Liebe ist nicht nur eine Emotion, sondern eine transformative Kraft, die uns dazu befähigt, das Unmögliche zu überwinden und unser wahres Potenzial zu entfalten.

Die Auswirkungen auf das Selbstwertgefühl

Mobbing hat tiefgreifende Auswirkungen auf das Selbstwertgefühl des Opfers. Oft wird das Selbstbild durch wiederholte Angriffe und negative Rückmeldungen stark beeinträchtigt. Die ständige Konfrontation mit abwertenden Bemerkungen und ausgrenzendem Verhalten führt dazu, dass die Betroffenen beginnen, an ihrem eigenen Wert zu zweifeln. Sie fühlen sich minderwertig und glauben, dass sie nicht gut genug sind, um akzeptiert zu werden. Diese negativen Gedanken können zu einem Teufelskreis führen, in dem sich das Selbstwertgefühl weiter verschlechtert, je mehr Zeit in einem solchen toxischen Umfeld verbracht wird.

Jedoch kann die Liebe, sei es in Form von Freundschaft, familiärer Unterstützung oder romantischen Beziehungen, eine transformative Kraft entfalten. Wenn Menschen in schwierigen Zeiten von anderen geliebt und unterstützt werden, beginnt ein Prozess der Heilung. Diese positiven zwischenmenschlichen Erfahrungen können das beschädigte Selbstwertgefühl wieder aufbauen. Liebe vermittelt das Gefühl von Zugehörigkeit und Wertschätzung, was den Betroffenen hilft, sich selbst in einem neuen Licht zu sehen. Sie lernen, dass ihr Wert nicht von der Meinung anderer abhängt, sondern von ihrem eigenen inneren Selbst.

Ein weiterer wichtiger Aspekt ist die Fähigkeit, die eigenen Stärken und Talente zu erkennen. In einem liebevollen Umfeld ermutigen Freunde und Familie die Betroffenen, ihre individuellen Fähigkeiten zu entdecken und zu schätzen. Diese Anerkennung kann eine entscheidende Rolle dabei spielen, das Selbstbewusstsein zu stärken. Menschen, die unter Mobbing gelitten haben, können lernen, sich selbst zu akzeptieren und stolz auf das zu sein, was sie sind. Durch die Liebe anderer wird der Blick auf sich selbst oft positiver und konstruktiver.

Darüber hinaus spielt die Selbstliebe eine zentrale Rolle im Heilungsprozess. Die Liebe von außen ist zwar wichtig, aber die Fähigkeit, sich selbst zu lieben und zu akzeptieren, ist entscheidend für die Wiederherstellung des Selbstwertgefühls. Indem man lernt, sich selbst mit all seinen Schwächen und Stärken anzunehmen, wird die innere Stimme, die oft von den Mobbing-Erfahrungen geprägt ist, leiser. Die Selbstliebe öffnet Türen zu einem gesünderen Selbstbild und fördert ein positives Lebensgefühl.

Letztlich ist es wichtig zu verstehen, dass der Weg zur Heilung und zur Wiederherstellung des Selbstwertgefühls ein Prozess ist, der Zeit und Geduld erfordert. Die Unterstützung durch geliebte Menschen kann diesen Weg erheblich erleichtern und beschleunigen. Mit der Kraft der Liebe können ehemalige Mobbing-Opfer lernen, sich selbst wieder zu schätzen und ein erfülltes Leben zu führen. Sie können die Wunden der Vergangenheit hinter sich lassen und in eine Zukunft blicken, die von Selbstvertrauen und innerem Frieden geprägt ist.

Die heilende Kraft von Beziehungen

Die heilende Kraft von Beziehungen ist ein zentraler Aspekt, der oft übersehen wird, wenn es um die Bewältigung von Mobbing geht. Beziehungen, sei es zu Freunden, Familie oder sogar zu neuen Bekanntschaften, können eine immense Unterstützung bieten. Sie sind wie ein sicherer Hafen, in dem man sich geborgen fühlen kann. In Zeiten der Unsicherheit und des Schmerzes ist es die Liebe und Unterstützung der Menschen um uns herum, die uns helfen, die Dunkelheit zu durchdringen und einen Weg zurück ins Licht zu finden.

Wenn wir in einer belastenden Situation wie Mobbing stecken, tendieren wir dazu, uns zurückzuziehen und uns isoliert zu fühlen. Diese Isolation kann die negativen Gefühle verstärken und den Heilungsprozess erheblich behindern. Doch gerade in solchen Momenten ist es entscheidend, den Mut zu finden, sich zu öffnen und Beziehungen zu kultivieren. Die Verbindung zu anderen Menschen ermöglicht es uns, unsere Erfahrungen zu teilen, Verständnis zu finden und Trost zu spenden. Diese Interaktionen können nicht nur unser Selbstwertgefühl stärken, sondern auch die Perspektive auf unsere Situation verändern.

Wahre Heilung geschieht, wenn wir uns mit Menschen umgeben, die uns bedingungslos akzeptieren und unterstützen. Liebevolle Beziehungen fungieren als Puffer gegen die Auswirkungen von Mobbing. Sie geben uns das Gefühl, dass wir nicht allein sind und dass es Menschen gibt, die an uns glauben. Diese Verbundenheit kann die Wunden heilen, die durch Mobbing entstanden sind, und uns helfen, ein starkes Selbstbewusstsein aufzubauen. Es ist die Rückversicherung, dass wir wertvoll sind, unabhängig von den negativen Erfahrungen, die wir gemacht haben.

Darüber hinaus kann die aktive Pflege von Beziehungen auch unsere Resilienz stärken. Wenn wir Zeit mit positiven Menschen verbringen, die uns inspirieren und uns ermutigen, fühlen wir uns gestärkt und motiviert, unsere Herausforderungen anzugehen. Diese positiven Interaktionen können Wunder wirken, indem sie uns helfen, unsere Perspektiven zu erweitern und neue Wege zu finden, mit Stress und Schmerz umzugehen. Es ist erstaunlich, wie viel Kraft uns die Liebe und Unterstützung anderer geben kann.

Letztlich ist es wichtig zu erkennen, dass die heilende Kraft von Beziehungen nicht nur in der Unterstützung in schwierigen Zeiten liegt, sondern auch in der Freude und dem Glück, das sie in unser Leben bringen. Die Liebe, die wir empfangen und geben, kann wie ein Lichtstrahl in dunklen Zeiten wirken und uns dazu ermutigen, die besten Versionen von uns selbst zu werden. Indem wir die Macht der Beziehungen nutzen, können wir nicht nur unser eigenes Wohlbefinden fördern, sondern auch die Wunden anderer heilen und gemeinsam einen Weg aus der Mobbing-Falle finden.

Selbstliebe und Akzeptanz

Selbstliebe und Akzeptanz sind grundlegende Elemente auf dem Weg zur Heilung von den Wunden, die durch Mobbing verursacht wurden. In einer Welt, die oft von Kritik und Ablehnung geprägt ist, kann es herausfordernd sein, sich selbst zu schätzen und zu akzeptieren. Doch gerade in diesen Zeiten ist es wichtig, die innere Stimme zu finden, die uns daran erinnert, dass wir wertvoll sind. Selbstliebe bedeutet, sich selbst mit Mitgefühl zu begegnen und die eigenen Stärken sowie Schwächen zu akzeptieren. Diese Reise zur Selbstakzeptanz ist ein entscheidender Schritt, um die negativen Auswirkungen von Mobbing zu überwinden.

Die Fähigkeit, sich selbst zu lieben, eröffnet den Raum für inneren Frieden. Wenn wir uns selbst annehmen, können wir uns von den negativen Stimmen anderer befreien. Mobbing hinterlässt oft Narben, die tief in unser Selbstbild eingreifen. Doch indem wir uns auf die positiven Aspekte unserer Persönlichkeit konzentrieren, können wir diese Wunden heilen. Es ist wichtig, sich täglich kleine Affirmationen zu geben, die das Selbstwertgefühl stärken. Diese positiven Gedanken helfen uns, die Mobbing-Erfahrungen in den Hintergrund zu drängen und unser eigenes Licht wieder zu erkennen.

Selbstliebe ist nicht nur ein Gefühl, sondern auch eine bewusste Entscheidung. Wir müssen aktiv daran arbeiten, uns selbst zu schätzen und zu unterstützen. Dies kann durch Selbstfürsorge, Meditation oder kreative Ausdrucksformen geschehen. Jede kleine Geste, die wir uns selbst gegenüber zeigen, sei es ein entspannendes Bad oder das Lesen eines inspirierenden Buches, trägt dazu bei, unser Selbstbild zu verbessern. Durch diese Praktiken lernen wir, uns selbst als Freund und nicht als Feind zu betrachten.

Akzeptanz ist der Schlüssel, um Frieden mit unserer Vergangenheit zu schließen. Mobbing kann uns dazu bringen, uns für unsere Unterschiede zu schämen oder uns in eine Rolle zu drängen, die nicht zu uns passt. Doch wahre Stärke liegt darin, unsere Einzigartigkeit zu umarmen. Indem wir unsere Erfahrungen annehmen, können wir die Lektionen, die sie uns gelehrt haben, schätzen und uns weiterentwickeln. Diese Akzeptanz führt zu einer authentischen Selbstliebe, die uns nicht nur stärkt, sondern auch ein positives Licht auf andere Menschen und deren Erfahrungen wirft.

Der Weg zur Selbstliebe und Akzeptanz ist ein individueller Prozess, der Zeit und Geduld erfordert. Es ist wichtig, sich nicht unter Druck zu setzen, sondern sich auf die eigene Reise zu konzentrieren. Jeder Schritt in Richtung Selbstliebe ist ein Schritt in Richtung Heilung. Wenn wir beginnen, uns selbst zu lieben und zu akzeptieren, können wir auch anderen mit mehr Mitgefühl und Verständnis begegnen. In diesem liebevollen Raum können wir nicht nur unsere eigenen Wunden heilen, sondern auch die der anderen, die ähnliche Kämpfe durchlebt haben. Liebe heilt Wunden, und der erste Schritt beginnt immer bei uns selbst.

Unterstützung durch Freunde und Familie

In Zeiten der Dunkelheit, wenn die Schatten des Mobbings schwer auf einem lasten, ist die Rolle von Freunden und Familie von unschätzbarem Wert. Diese Menschen, die uns lieben und an uns glauben, können wie ein Lichtstrahl in einem stürmischen Meer sein. Ihre Unterstützung bietet nicht nur Trost, sondern auch die Kraft, die wir benötigen, um den Herausforderungen des Lebens zu begegnen. Wenn wir uns von der Welt entfremdet fühlen, können uns die vertrauten Stimmen derjenigen, die uns nahe stehen, daran erinnern, wer wir wirklich sind und welches Potenzial in uns steckt.

Freunde und Familie können uns auf unterschiedliche Weise unterstützen. Manchmal reicht es, einfach zuzuhören, während wir unsere Sorgen und Ängste teilen. In anderen Momenten kann es hilfreich sein, gemeinsam zu lachen, um die Schwere der Situation zu mildern. Es sind diese kleinen Dinge – die Umarmungen, die aufmunternden Worte oder das stille Verständnis – die uns helfen, den Schmerz des Mobbings zu verarbeiten. Sie geben uns das Gefühl, nicht alleine zu sein, und stärken unser Selbstwertgefühl, das oft durch Mobbing in Mitleidenschaft gezogen wird.

Die Unterstützung von Freunden und Familie kann auch aktiv werden, indem sie uns dazu ermutigen, uns gegen das Mobbing zu wehren. Manchmal benötigen wir den Mut, den wir selbst nicht aufbringen können. Ein vertrauter Mensch an unserer Seite kann uns dazu bringen, unsere Stimme zu erheben und für uns selbst einzustehen. Die Stärke, die in der Gemeinschaft liegt, ist unermesslich und kann Berge versetzen. Wenn wir spüren, dass andere hinter uns stehen, fällt es uns leichter, uns den Herausforderungen zu stellen und Veränderungen herbeizuführen.

Darüber hinaus ist die Unterstützung durch Freunde und Familie nicht nur auf die akuten Zeiten des Mobbings beschränkt. Sie spielt eine entscheidende Rolle im Heilungsprozess. Mit der Zeit können diese Beziehungen eine sichere Basis bieten, auf der wir unser Selbstvertrauen wieder aufbauen können. Gemeinsame Aktivitäten, sei es ein Spaziergang im Park oder ein gemütlicher Abend zu Hause, helfen, die Wunden zu heilen und neue positive Erinnerungen zu schaffen. Die Liebe und Zuneigung der Menschen um uns herum kann eine heilende Kraft entfalten, die uns ermutigt, weiterzumachen und neue Perspektiven zu entdecken.

Letztendlich zeigt uns die Unterstützung durch unsere Freunde und Familie, dass wir nicht allein sind. Es ist eine ständige Erinnerung daran, dass Liebe eine kraftvolle Waffe gegen das Mobbing ist. Wenn wir uns umgeben von Menschen, die uns bedingungslos akzeptieren und unterstützen, sind wir in der Lage, die Wunden des Mobbings zu überwinden und gestärkt aus der Erfahrung hervorzugehen. Die Liebe, die wir empfangen, ist ein fester Anker, der uns Stabilität und Hoffnung gibt, während wir unseren Weg in eine bessere Zukunft ebnen.

Wie Liebe zur Veränderung führte

In der Dunkelheit der Mobbing-Erfahrungen kann die Liebe wie ein Lichtstrahl erscheinen, der den Weg zur Veränderung weist. Diese Liebe kann verschiedene Formen annehmen: die bedingungslose Unterstützung von Freunden, die Zuneigung von Familienmitgliedern oder die selbstlose Liebe zu sich selbst. Wenn wir uns in schwierigen Zeiten von Liebe umgeben, entwickeln wir eine innere Stärke, die uns hilft, über den Schmerz hinwegzukommen. Liebe wird zum Anker, der uns stabilisiert, während wir durch die stürmischen Gewässer der Ablehnung navigieren.

Die transformative Kraft der Liebe zeigt sich in der Art und Weise, wie sie unser Selbstbild beeinflusst. Wenn wir von Menschen umgeben sind, die uns wertschätzen und an uns glauben, beginnen wir, uns selbst in einem besseren Licht zu sehen. Diese positive Wahrnehmung kann uns ermutigen, uns gegen Mobbing zu wehren und für uns selbst einzustehen. Wir lernen, dass wir es wert sind, respektiert zu werden, und dass wir die Fähigkeit besitzen, unser Leben zu verändern. Diese Erkenntnis ist oft der erste Schritt in Richtung Heilung und persönlichem Wachstum.

In vielen Geschichten von Mobbingopfern finden wir den zentralen Moment der Veränderung, der oft von einer tiefen emotionalen Verbindung geprägt ist. Eine Freundschaft, die in der Not entstanden ist, oder ein Mentor, der das Potenzial in uns erkennt, kann den entscheidenden Unterschied machen. Diese Beziehungen bieten nicht nur emotionale Unterstützung, sondern auch praktische Hilfe, um die Herausforderungen des Mobbings zu bewältigen. Durch das Handeln in Liebe und Solidarität können wir eine Gemeinschaft bilden, die stark genug ist, um gegen Unrecht zu kämpfen.

Die Liebe zur Veränderung erfordert Mut und Entschlossenheit. Es ist nicht immer einfach, sich aus der Komfortzone zu bewegen und aktiv gegen Mobbing vorzugehen. Doch wenn wir von Liebe motiviert sind, finden wir die Kraft, uns zu behaupten und unsere Stimme zu erheben. Diese innere Revolution kann nicht nur unser eigenes Leben verändern, sondern auch das von anderen, die ähnliche Kämpfe durchleben. Indem wir unsere Erfahrungen teilen und anderen helfen, zeigen wir, wie mächtig und heilend Liebe sein kann.

Schließlich führt uns die Liebe zur Veränderung auf einen Weg der Selbstakzeptanz und des Wachstums. Wir lernen, unsere Wunden zu heilen und die Lektionen der Vergangenheit anzunehmen. Durch die Liebe zu uns selbst und zu anderen schaffen wir eine Atmosphäre, in der Heilung möglich ist. Wir erkennen, dass die Herausforderungen des Lebens uns nicht definieren, sondern dass wir die Möglichkeit haben, aus ihnen als stärkere und empathischere Menschen hervorzugehen. In diesem Prozess entdecken wir die wahre Bedeutung von Liebe und ihre Fähigkeit, das Leben zu transformieren.

Gemeinsame Wege aus der Dunkelheit

In der Dunkelheit von Mobbing ist es oft schwer, den Ausweg zu erkennen. Die ständigen Angriffe und die Isolation können erdrückend wirken. Doch es gibt einen Weg hinaus, und dieser Weg führt durch die Liebe. Liebe, sowohl zu uns selbst als auch zu anderen, hat die Kraft, die Schatten zu vertreiben und ein Licht der Hoffnung zu entzünden. Wenn wir uns auf die positiven Beziehungen zu unseren Mitmenschen konzentrieren, können wir die negativen Erfahrungen hinter uns lassen und neue Perspektiven gewinnen.

Gemeinsamkeiten schaffen Bindungen, die uns stärken. Indem wir uns mit Gleichgesinnten umgeben, die ähnliche Erfahrungen gemacht haben, erfahren wir Trost und Unterstützung. Es entsteht ein Raum, in dem wir uns öffnen und verletzlich zeigen können. Diese Verbundenheit ist eine Quelle der Kraft, die uns hilft, die Wunden des Mobbings zu heilen. Wir erkennen, dass wir nicht allein sind und dass es Menschen gibt, die uns verstehen und akzeptieren, so wie wir sind.

Der Akt des Teilens ist fundamental, um aus der Dunkelheit herauszukommen. Indem wir unsere Geschichten und Erfahrungen austauschen, schaffen wir ein Gefühl der Gemeinschaft, das uns ermutigt, weiterzumachen. Wir können uns gegenseitig inspirieren und motivieren, die Herausforderungen zu bewältigen. Jeder Schritt, den wir gemeinsam gehen, bringt uns näher zu einem Leben, das von Liebe und Akzeptanz geprägt ist, und entfernt uns von den schmerzhaften Erlebnissen des Mobbings.

Ein weiterer wichtiger Aspekt ist die Selbstliebe. Wenn wir lernen, uns selbst zu schätzen und anzunehmen, wird die Dunkelheit weniger erdrückend. Selbstliebe stärkt unser Inneres und gibt uns die Kraft, uns gegen Mobbing zu wehren. Sie ermutigt uns, Grenzen zu setzen und uns in schwierigen Situationen zu behaupten. Durch die Pflege unserer eigenen Bedürfnisse und Gefühle können wir eine positive Einstellung entwickeln, die uns hilft, die negativen Einflüsse um uns herum zu überwinden.

Letztlich ist der Weg aus der Dunkelheit eine Reise, die wir nicht alleine antreten müssen. Die Liebe zu uns selbst und zu anderen kann wie ein Lichtstrahl sein, der uns den Weg weist. Wenn wir gemeinsam die Herausforderungen des Lebens annehmen und uns gegenseitig unterstützen, können wir die Wunden des Mobbings heilen und ein erfülltes Leben führen. Indem wir die Kraft der Liebe in unser Leben integrieren, schaffen wir nicht nur einen Ausweg aus der Dunkelheit, sondern auch eine leuchtende Zukunft voller Möglichkeiten.

Kapitel 28: Der Weg zur Selbststärkung

Die Bedeutung von Resilienz

Die Bedeutung von Resilienz ist in der heutigen Zeit nicht zu unterschätzen, insbesondere im Kontext von Mobbing. Resilienz steht für die Fähigkeit, sich von Rückschlägen zu erholen und gestärkt aus schwierigen Erfahrungen hervorzugehen. In einer Welt, die oft von Herausforderungen und Konflikten geprägt ist, wird Resilienz zu einem entscheidenden Faktor für das persönliche Wohlbefinden. Sie ermöglicht es den Betroffenen, die negativen Auswirkungen von Mobbing zu bewältigen und sich auf die positiven Aspekte des Lebens zu konzentrieren.

Resilienz ist jedoch nicht nur eine angeborene Eigenschaft, sondern kann auch entwickelt und gestärkt werden. Durch die Unterstützung von geliebten

Menschen, sei es in Form von Freundschaft, Familie oder Gemeinschaft, wird ein sicherer Raum geschaffen, in dem sich Individuen entfalten können. Liebe hat die Kraft, Menschen zu ermutigen, ihre inneren Stärken zu entdecken und zu nutzen. Diese emotionale Unterstützung ist ein wesentlicher Bestandteil der Resilienz, da sie das Selbstbewusstsein stärkt und den Glauben an die eigene Fähigkeit, schwierige Zeiten zu überwinden, festigt.

Ein weiterer wichtiger Aspekt der Resilienz ist die Fähigkeit zur Selbstreflexion. Indem Betroffene ihre Erfahrungen analysieren, können sie Muster erkennen und lernen, wie sie in Zukunft besser mit ähnlichen Situationen umgehen können. Diese Selbstkenntnis führt nicht nur zu einem tieferen Verständnis von sich selbst, sondern auch zu einer erhöhten Empathie gegenüber anderen. Wenn Menschen in der Lage sind, ihre eigenen Verletzungen zu erkennen und zu verarbeiten, sind sie oft auch besser in der Lage, anderen zu helfen und zu unterstützen, die ähnliche Erfahrungen gemacht haben.

Die Integration von Resilienz in das tägliche Leben kann durch einfache Praktiken gefördert werden. Achtsamkeit, Meditation und das Führen eines

Dankbarkeitstagebuchs sind nur einige Methoden, die helfen können, das innere Gleichgewicht zu finden und zu bewahren. Indem Menschen regelmäßig Zeit für sich selbst und ihre Gedanken einplanen, stärken sie ihr emotionales Fundament und erhöhen ihre Fähigkeit, Stress und Herausforderungen zu bewältigen. Diese kleinen, aber wirkungsvollen Schritte können einen großen Unterschied im Umgang mit Mobbing und den damit verbundenen emotionalen Belastungen machen.

Schließlich ist es wichtig zu erkennen, dass Resilienz nicht bedeutet, keine negativen Gefühle zu empfinden. Vielmehr geht es darum, diese Gefühle zu akzeptieren und ihnen Raum zu geben, während man gleichzeitig nach Wegen sucht, um sich selbst zu stärken und voranzukommen. Liebe, in all ihren Formen, spielt eine zentrale Rolle in diesem Prozess. Sie bietet nicht nur Trost, sondern auch die Kraft, Verletzungen zu heilen und das Leben mit Mut und Hoffnung zu gestalten. Indem wir die Bedeutung von Resilienz annehmen, können wir nicht nur uns selbst, sondern auch anderen helfen, die Herausforderungen des Lebens mit einem starken und liebevollen Herzen zu meistern.

Die Rolle von Achtsamkeit und Meditation

Achtsamkeit und Meditation sind kraftvolle Werkzeuge, die nicht nur das allgemeine Wohlbefinden fördern, sondern auch eine tiefgehende Heilung in schwierigen Zeiten ermöglichen können. In einer Welt, in der Mobbing und zwischenmenschliche Konflikte weit verbreitet sind, bieten diese Praktiken einen Rückzugsort, an dem wir zur Ruhe kommen und uns selbst neu entdecken können. Sie helfen uns, den Lärm und die Negativität um uns herum abzuschalten und unsere innere Stärke zu aktivieren. Durch Achtsamkeit lernen wir, im Moment zu leben, und erkennen, dass jeder Augenblick die Möglichkeit zur Heilung und zur Veränderung birgt.

Meditation ist eine Tür zu unserem inneren Selbst. Wenn wir regelmäßig meditieren, schaffen wir einen Raum der Stille, in dem wir uns von den Schmerzen der Vergangenheit distanzieren können. Diese Praxis lehrt uns, unsere Gedanken und Emotionen zu beobachten, ohne sie zu bewerten oder zu verurteilen. In der Stille finden wir Klarheit, und die Liebe, die wir für uns selbst entwickeln, wird zu einem Schild gegen die negativen Einflüsse des Mobbings. Indem wir uns auf unsere Atmung und unsere inneren Gefühle konzentrieren, können wir ein Gefühl der Sicherheit und des Selbstvertrauens aufbauen, das uns in herausfordernden Situationen unterstützt.

Achtsamkeitssysteme, wie das Fokussieren auf den gegenwärtigen Moment, helfen uns, die negativen Gedanken, die aus Mobbing-Erfahrungen resultieren, besser zu kontrollieren. Wir lernen, uns nicht von Ängsten und Selbstzweifeln leiten zu lassen, sondern die Liebe zu uns selbst und zu anderen in den Vordergrund zu stellen. Diese Praxis fördert nicht nur unsere emotionale Resilienz, sondern stärkt auch unser Mitgefühl gegenüber uns selbst und anderen. Wenn wir uns selbst annehmen und lieben, können wir auch den Mut finden, uns gegen Mobbing zu wehren und für unsere Rechte einzutreten.

Darüber hinaus kann Achtsamkeit auch unsere zwischenmenschlichen Beziehungen verbessern. Wenn wir uns bewusst Zeit nehmen, um in den Moment einzutauchen und unsere Umgebung wahrzunehmen, entwickeln wir ein tieferes Verständnis für die Menschen um uns herum. Diese Fähigkeit, im Hier und Jetzt zu sein, fördert die Empathie und das Mitgefühl, die notwendig sind, um harmonische Beziehungen zu pflegen. In einer Welt, die oft von Konflikten geprägt ist, können wir durch Achtsamkeit eine Kultur der Unterstützung und des Respekts schaffen, die das Mobbing überwindet und Liebe entfaltet.

Schließlich ist es wichtig zu erkennen, dass Achtsamkeit und Meditation nicht nur individuelle Praktiken sind, sondern auch eine Gemeinschaftsbildung fördern können. Indem wir diese Techniken in Gruppen üben, schaffen wir einen Raum für Austausch und Unterstützung. In einem solchen Umfeld können Menschen, die Mobbing erlebt haben, sich gegenseitig stärken und ermutigen. Die gemeinsame Praxis von Achtsamkeit und Meditation wird zu einer Quelle der Kraft, die nicht nur heilt, sondern auch verbindet. So wird die Liebe, die aus diesen Erfahrungen erwächst, zu einem Licht, das den Weg aus der Dunkelheit des Mobbings erhellt und neue Hoffnung schenkt.

Kapitel 29: Liebe weitergeben

Wie man anderen helfen kann

In einer Welt, in der Mobbing oft im Verborgenen stattfindet, ist es entscheidend, dass wir lernen, wie wir anderen helfen können. Jeder von uns hat die Fähigkeit, Licht in das Leben eines anderen zu bringen, insbesondere derjenigen, die unter Mobbing leiden. Indem wir Empathie und Mitgefühl zeigen, können wir eine unterstützende Gemeinschaft schaffen, in der sich jeder sicher und geschätzt fühlt. Es ist wichtig, den ersten Schritt zu tun, um zuzuhören und zu verstehen, was die betroffene Person erlebt. Oftmals ist es dieser erste Akt der Freundlichkeit, der den Unterschied macht.

Ein wirkungsvoller Weg, anderen zu helfen, ist das aktive Zuhören. Wenn wir jemandem unsere volle Aufmerksamkeit schenken, signalisieren wir, dass wir seine Gefühle ernst nehmen. Dies schafft eine Atmosphäre des Vertrauens und der Sicherheit. Viele Menschen, die unter Mobbing leiden, fühlen sich isoliert und missverstanden. Indem wir ihnen unsere Ohren und Herzen öffnen, geben wir ihnen die Möglichkeit, sich auszudrücken und ihre Erfahrungen zu teilen. Diese einfache Handlung kann eine tiefgreifende Wirkung auf ihr Wohlbefinden haben und ihnen das Gefühl geben, dass sie nicht allein sind.

Neben dem Zuhören ist es auch wichtig, praktische Unterstützung anzubieten. Dies kann in Form von gemeinsamen Aktivitäten geschehen, die das Selbstbewusstsein stärken, oder durch Hilfe bei der Bewältigung von Herausforderungen, die mit Mobbing verbunden sind. Indem wir Zeit miteinander verbringen und positive Erlebnisse schaffen, fördern wir das Gefühl der Zugehörigkeit und des Zusammenhalts. Diese positiven Erinnerungen können denjenigen, die gelitten haben, helfen, die negativen Erfahrungen zu überwinden und Vertrauen in sich selbst und in andere zurückzugewinnen.

Ein weiterer Aspekt, wie wir anderen helfen können, ist die Förderung von Resilienz und persönlichem Wachstum. Wir sollten ermutigen, sich mit den eigenen Stärken auseinanderzusetzen und diese zu nutzen, um die negativen Auswirkungen von Mobbing zu überwinden. Indem wir positive Affirmationen und konstruktives Feedback geben, helfen wir anderen, ein starkes Fundament für ihr Selbstwertgefühl aufzubauen. Es ist wichtig, dass wir ihnen zeigen, dass sie wertvoll sind und dass ihre Erfahrungen nicht ihre gesamte Identität definieren.

Letztlich ist es die Liebe, die uns dazu motiviert, anderen zu helfen. Liebe ist eine kraftvolle Energie, die in der Lage ist, Wunden zu heilen und Gemeinschaften zu stärken. Wenn wir uns um andere kümmern und ihnen unsere Unterstützung anbieten, zeigen wir, dass wir an eine bessere Welt glauben – eine Welt, in der Mobbing keinen Platz hat. Lasst uns gemeinsam eine Kultur des Mitgefühls und der Unterstützung schaffen, in der jeder die Möglichkeit hat, zu heilen und zu wachsen.

Empathie und Verständnis fördern

Empathie und Verständnis sind die Grundpfeiler einer liebevollen und unterstützenden Gemeinschaft. Wenn Menschen in einer Umgebung leben, in der Empathie gefördert wird, fühlen sie sich sicherer und geborgener. Dies ist besonders wichtig für jene, die unter Mobbing leiden. Die Fähigkeit, die Gefühle und Perspektiven anderer zu erkennen und zu verstehen, kann nicht nur dazu beitragen, Konflikte zu entschärfen, sondern auch Brücken zwischen Menschen zu bauen, die durch Vorurteile und Missverständnisse voneinander getrennt sind.

Um Empathie zu fördern, ist es entscheidend, einen Raum zu schaffen, in dem jeder sich gehört und gesehen fühlt. Dies kann durch aktive Zuhörtechniken geschehen, bei denen wir uns bewusst Zeit nehmen, um den anderen zuzuhören, ohne sofort zu urteilen oder Ratschläge zu geben. Indem wir unsere eigenen Erfahrungen und Emotionen teilen, schaffen wir eine Atmosphäre des Vertrauens, in der andere ermutigt werden, ebenfalls offen zu sein. Diese gegenseitige Offenheit kann das Verständnis füreinander stärken und eine tiefere Verbindung zwischen Menschen fördern.

Ein weiterer wichtiger Aspekt ist die Bildung von Mitgefühl. Wenn wir uns in die Lage eines anderen versetzen, erkennen wir nicht nur seine Herausforderungen, sondern auch die universellen menschlichen Erfahrungen von Schmerz und Freude. Diese Einsicht kann uns dazu anregen, uns aktiv für das Wohlbefinden anderer einzusetzen. Indem wir uns bewusst um die Bedürfnisse derjenigen kümmern, die unter Mobbing leiden, können wir nicht nur deren Leiden lindern, sondern auch die eigene Resilienz stärken und eine Kultur der Unterstützung schaffen.

Das Verständnis für die Hintergründe von Mobbing kann ebenfalls einen bedeutenden Beitrag zur Empathieförderung leisten. Oft sind Mobber selbst verletzte Seelen, die mit eigenen Unsicherheiten kämpfen. Wenn wir erkennen, dass Mobbing nicht nur ein einseitiges Phänomen ist, sondern oft aus einem tiefen Bedürfnis nach Kontrolle oder Anerkennung resultiert, können wir eine differenzierte Sichtweise entwickeln. Dies bedeutet nicht, Mobbing zu entschuldigen, sondern vielmehr, die Dynamiken zu verstehen, die zu solchem Verhalten führen, und daraufhin Strategien zu entwickeln, um diese zu durchbrechen.

Letztlich ist die Förderung von Empathie und Verständnis nicht nur eine individuelle Aufgabe, sondern erfordert die Zusammenarbeit aller. Schulen, Gemeinschaften und Familien müssen gemeinsam daran arbeiten, ein Umfeld zu schaffen, in dem Liebe und Unterstützung an erster Stelle stehen. Wenn wir als Gesellschaft Empathie praktizieren und fördern, können wir eine grundlegende Veränderung bewirken – eine Veränderung, die nicht nur Mobbing verringert, sondern auch Heilung und Wachstum für alle Beteiligten ermöglicht. Es ist die Liebe, die uns verbindet und die Kraft, die uns aus der Mobbing-Falle führt.

Die Kraft von Gemeinschaft und Solidarität

In Zeiten von Mobbing und sozialer Isolation kann die Kraft der Gemeinschaft eine transformative Rolle spielen. Wenn Menschen zusammenkommen, um sich gegenseitig zu unterstützen, entsteht ein Raum, in dem Heilung und Wachstum gedeihen können. Gemeinschaft bedeutet, dass wir nicht allein sind in unseren Kämpfen. Die Verbindung zu anderen, die ähnliche Erfahrungen gemacht haben, kann ein Gefühl der Zugehörigkeit schaffen, das uns stärkt und uns hilft, unsere Wunden zu heilen. In diesen sicheren Räumen finden wir Trost und Verständnis, und das Wissen, dass wir nicht die Einzigen sind, die mit diesen Herausforderungen konfrontiert sind.

Solidarität ist das Herzstück dieser Gemeinschaft. Sie zeigt sich in den kleinen Gesten der Unterstützung und Ermutigung, die wir einander anbieten. Wenn wir für unsere Mitmenschen einstehen, schaffen wir ein starkes Netz der Rückendeckung, das es jedem Einzelnen ermöglicht, sich zu entfalten und zu wachsen. Solidarität bedeutet, dass wir die Stimmen der Schwächeren hören und ihnen den Raum geben, ihre Geschichten zu erzählen. Indem wir uns für andere einsetzen, stärken wir nicht nur sie, sondern auch uns selbst. Diese gegenseitige Unterstützung wird zu einer Quelle der Kraft, die uns hilft, die Dunkelheit des Mobbings zu überwinden.

Die Liebe, die innerhalb einer Gemeinschaft gedeiht, hat die Macht, tief verwurzelte Ängste und Unsicherheiten zu transformieren. Wenn wir uns von Liebe leiten lassen, schaffen wir ein Umfeld, in dem jeder Einzelne wertgeschätzt und respektiert wird. Diese liebevolle Atmosphäre fördert das Vertrauen und ermutigt alle, ihre Verletzlichkeit zu zeigen. Es ist in dieser Verletzlichkeit, dass wahre Heilung stattfindet. Wenn wir unsere Ängste und Sorgen offenbaren, finden wir oft, dass andere ähnliche Kämpfe führen, und das verbindet uns auf eine tiefere Weise.

Gemeinschaft und Solidarität sind nicht nur für die Heilung wichtig, sondern auch für unsere persönliche Entwicklung. Durch den Austausch von Erfahrungen und Perspektiven lernen wir, wie wir uns selbst und andere besser unterstützen können. Diese kollektive Intelligenz hilft uns, neue Wege zu finden, mit Mobbing umzugehen und unsere Resilienz zu stärken. Indem wir voneinander lernen und uns gegenseitig inspirieren, entwickeln wir Strategien, die uns nicht nur im Moment helfen, sondern uns auch auf zukünftige Herausforderungen vorbereiten.

Schließlich ist die Kraft von Gemeinschaft und Solidarität ein Licht in der Dunkelheit. Es ist ein Zeichen der Hoffnung, dass wir gemeinsam stärker sind als die Summe unserer Teile. Wenn wir uns zusammenschließen und uns für einander einsetzen, können wir die Ketten des Mobbings sprengen und eine Kultur des Respekts und der Liebe fördern. Möge jeder von uns die Möglichkeit finden, Teil einer solchen Gemeinschaft zu sein, in der Heilung, Unterstützung und bedingungslose Liebe an erster Stelle stehen. Indem wir uns gegenseitig halten, heilen wir nicht nur unsere eigenen Wunden, sondern auch die Wunden anderer.

Die Transformation durch Liebe

Liebe hat die Kraft, Menschen zu verändern und sie aus den dunkelsten Tiefen zu erheben. In Situationen, in denen Mobbing und Schmerz vorherrschen, kann die Präsenz von Liebe wie ein Lichtstrahl im Dunkeln wirken. Sie bietet nicht nur Trost, sondern auch die Möglichkeit zur inneren Transformation. Wenn wir die

Liebe empfangen und geben, schaffen wir einen Raum, in dem Heilung und Wachstum möglich sind. Diese Liebe kann von Freunden, Familienmitgliedern oder sogar von uns selbst kommen. Es ist diese bedingungslose Akzeptanz, die uns lehrt, unsere Wunden zu heilen und uns wieder aufzubauen.

Wenn wir uns inmitten von Mobbing und Ablehnung befinden, kann es leicht sein, unser Selbstwertgefühl und unser Vertrauen zu verlieren. Doch die Liebe hat die Fähigkeit, diese negativen Gedanken zu durchbrechen. Sie hilft uns, uns selbst wieder zu erkennen, jenseits der verletzenden Worte und Taten. Indem wir uns umgeben mit Menschen, die uns wertschätzen und unterstützen, können wir unsere innere Stärke wiederentdecken. Diese positive Energie gibt uns den Mut, uns gegen die Dunkelheit zu stellen und unser Leben aktiv zu gestalten.

Ein weiterer Aspekt der Liebe ist ihre Fähigkeit, Gemeinschaft und Zusammenhalt zu fördern. Wenn wir in schwierigen Zeiten auf die Unterstützung anderer zählen können, entsteht ein Gefühl der Zugehörigkeit. Dies ist besonders wichtig für diejenigen, die unter Mobbing leiden, da Isolation und Einsamkeit häufig zu den schlimmsten

Begleiterscheinungen gehören. Durch das Teilen von Erfahrungen und das gegenseitige Stärken werden wir zu einem Teil eines Netzwerks der Liebe, das uns trägt und ermutigt, weiterzumachen. In dieser Gemeinschaft finden wir nicht nur Trost, sondern auch Inspiration, um uns zu verändern.

Die Transformation durch Liebe geschieht nicht über Nacht. Es ist ein Prozess, der Geduld und Hingabe erfordert. Oft müssen wir auch lernen, uns selbst zu lieben, bevor wir die Liebe anderer annehmen können. Dies bedeutet, uns mit unseren eigenen Wunden auseinanderzusetzen und diese zu akzeptieren. Durch Selbstliebe entwickeln wir ein starkes Fundament, auf dem wir unser Leben neu aufbauen können. Die Liebe, die wir für uns selbst empfinden, wird sich auf unsere Beziehungen zu anderen auswirken und uns helfen, gesunde Bindungen zu schaffen.

Abschließend lässt sich sagen, dass die Transformation durch Liebe ein kraftvoller Weg ist, um aus der Mobbing-Falle zu entkommen. Sie lehrt uns, dass wir nicht allein sind und dass es Hoffnung gibt, selbst in den schwierigsten Zeiten. Indem wir Liebe in unserem Leben willkommen heißen, öffnen wir die Tür zu Heilung und persönlichem Wachstum. Diese Reise ist nicht einfach, aber sie ist lohnenswert und kann uns in ein Leben führen, das von Freude, Stärke und einem tiefen Gefühl der Verbundenheit geprägt ist.

Ziele setzen und Träume verwirklichen

Das Setzen von Zielen ist der erste Schritt auf dem Weg zur Selbstverwirklichung und zur Überwindung von Mobbing. Ziele geben uns eine Richtung und Motivation, die es uns ermöglichen, unsere Träume zu verfolgen. Indem wir uns konkrete und erreichbare Ziele setzen, schaffen wir eine Struktur in unserem Leben, die uns hilft, die Herausforderungen des Alltags zu meistern. Es ist wichtig, sich Zeit zu nehmen, um darüber nachzudenken, was wir wirklich wollen, und diese Wünsche in greifbare Ziele zu verwandeln. Selbst kleine Schritte können große Veränderungen bewirken, wenn wir sie mit Leidenschaft und Entschlossenheit verfolgen.

Die Kraft der Liebe spielt eine entscheidende Rolle beim Setzen und Verwirklichen unserer Ziele. Wenn wir von Menschen umgeben sind, die uns unterstützen und an uns glauben, fühlen wir uns ermutigt, unsere Träume zu verwirklichen. Diese positive Energie kann uns helfen, Ängste und Zweifel zu überwinden, die oft durch Mobbing entstehen. Liebe ist nicht nur eine Quelle der Stärke, sondern auch ein Antrieb, der uns dazu motiviert, über uns hinauszuwachsen. Wir sollten uns auf die Beziehungen konzentrieren, die uns stärken, und uns von toxischen Einflüssen befreien, die uns zurückhalten.

Es ist wichtig, realistische und messbare Ziele zu setzen, die auf unseren individuellen Träumen basieren. Dabei sollten wir uns nicht entmutigen lassen, wenn wir auf Rückschläge stoßen. Jeder Schritt nach vorne ist ein Fortschritt, und Rückschläge können oft wertvolle Lektionen vermitteln. Wenn wir uns auf den Prozess konzentrieren und die kleinen Erfolge feiern, bauen wir unser Selbstvertrauen auf und stärken unseren Glauben an uns selbst. Der Weg zur Verwirklichung unserer Träume ist nicht immer einfach, aber mit Geduld und Liebe zu uns selbst können wir die Herausforderungen meistern.

Visualisierung kann ein mächtiges Werkzeug sein, um unsere Ziele zu erreichen. Indem wir uns täglich vorstellen, wie es sich anfühlt, unsere Träume zu verwirklichen, aktivieren wir positive Gedanken und

Emotionen, die uns auf unserem Weg unterstützen. Dies kann durch Meditation, Journaling oder kreative Ausdrucksformen geschehen. Die Vorstellungskraft hilft uns, unsere Ziele klarer zu definieren und die Motivation zu steigern, die wir benötigen, um aktiv zu werden. Wenn wir uns erlauben, groß zu träumen und an unsere Visionen zu glauben, öffnen wir die Türen zu unzähligen Möglichkeiten.

Abschließend ist es wichtig, dass wir unsere Ziele regelmäßig überprüfen und anpassen. Das Leben ist dynamisch, und unsere Träume können sich im Laufe der Zeit verändern. Indem wir flexibel bleiben und uns anpassen, können wir sicherstellen, dass wir auf dem richtigen Weg sind, um unsere Visionen zu verwirklichen. Die Liebe zu uns selbst und zu anderen wird uns stets begleiten, während wir unsere Träume verfolgen. Jeder Schritt, den wir machen, bringt uns näher zu einem erfüllten Leben, frei von den Schatten des Mobbings und voller Hoffnung und Möglichkeiten.

Die bleibende Kraft der Liebe

Liebe ist eine der stärksten Kräfte, die wir in unserem Leben erfahren können. Sie hat die Fähigkeit, uns in den dunkelsten Zeiten zu tragen und uns die Stärke zu geben, die wir benötigen, um Schwierigkeiten zu überwinden. Besonders im Kontext von Mobbing, wo Isolation und Schmerz oft vorherrschen, kann die Liebe, sei es von Freunden, Familie oder sogar von sich selbst, als ein Lichtstrahl erscheinen, der den Weg zur Heilung weist. Es ist diese bedingungslose Unterstützung, die den Opfern von Mobbing hilft, den Mut zu finden, ihre Stimme zu erheben und sich gegen Ungerechtigkeiten zu wehren.

Die Liebe manifestiert sich in vielen Formen, und jede hat ihre eigene Kraft. Die Zuneigung eines Freundes, die Umarmung eines geliebten Menschen oder das Verständnis eines Familienmitglieds können Wunder wirken. Diese Gesten der Liebe erinnern uns daran, dass wir nicht allein sind. Sie stärken unser Selbstwertgefühl und geben uns das Gefühl, dass wir wertvoll und wichtig sind. Wenn wir von Liebe umgeben sind, können wir uns besser gegen die negativen Einflüsse des Mobbings wehren und uns auf unsere Stärken konzentrieren, anstatt uns von den Angriffen anderer entmutigen zu lassen.

Darüber hinaus ist die Liebe auch ein Akt der Selbstfürsorge. Oft neigen wir dazu, uns selbst zu kritisieren oder uns im Angesicht von Mobbing zu schämen. Hier zeigt sich die wahre Kraft der Liebe, indem wir lernen, uns selbst zu akzeptieren und zu schätzen. Die Entwicklung eines liebevollen Verhältnisses zu uns selbst ermöglicht es uns, die negativen Stimmen, die uns verletzen, zu ignorieren und unsere innere Stärke zu erkennen. Indem wir uns selbst lieben, schaffen wir eine solide Basis, auf der wir unser Leben aufbauen können, unabhängig von den Herausforderungen, die uns begegnen.

Ein weiterer Aspekt der Liebe ist die Gemeinschaft. Wenn wir uns mit Menschen umgeben, die uns unterstützen und an uns glauben, entsteht ein starkes Netzwerk, das uns schützt und ermutigt. Diese Gemeinschaft kann als Puffer gegen die Angriffe von Mobbern fungieren und uns helfen, uns sicherer und geborgener zu fühlen. In diesem geschützten Raum können wir unsere Erfahrungen teilen, unser Leid verarbeiten und gemeinsam Strategien entwickeln, um mit der Situation umzugehen. Die kollektive Kraft der

Liebe in einer solchen Gemeinschaft kann transformierend wirken und den Opfern von Mobbing die Möglichkeit geben, sich zu heilen und zu wachsen.

Letztendlich ist die bleibende Kraft der Liebe ein Aufruf zur Hoffnung und zur Transformation. Liebe ist nicht nur ein Gefühl, sondern eine Handlung, die wir täglich praktizieren können. Indem wir Liebe empfangen und weitergeben, schaffen wir eine positive Spirale, die uns und andere erhebt. Im Angesicht von Mobbing kann diese Liebe wie ein Schild fungieren, das uns schützt und uns die Kraft gibt, für uns selbst und andere einzustehen. Wenn wir die Liebe in unserem Leben kultivieren, können wir nicht nur unsere eigenen Wunden heilen, sondern auch die Wunden anderer lindern und somit eine Welt schaffen, in der Mobbing keinen Platz hat.

Hoffnung für die Zukunft

In der Dunkelheit von Mobbing scheint es oft, als ob alle Wege in eine Sackgasse führen. Doch selbst in den herausforderndsten Zeiten gibt es einen Lichtstrahl der Hoffnung, der uns leiten kann. Liebe, in all ihren

Facetten, hat die Kraft, uns zu heilen und uns den Mut zu geben, für eine bessere Zukunft zu kämpfen. Sie ist das Fundament, auf dem wir unser Selbstwertgefühl aufbauen können und der Anker, der uns in stürmischen Zeiten Halt gibt. Indem wir uns von der Liebe umgeben, sei es durch Freunde, Familie oder eine Gemeinschaft, können wir die negativen Erfahrungen hinter uns lassen und einen Neuanfang wagen.

Die transformative Kraft der Liebe zeigt sich nicht nur in der Unterstützung durch andere, sondern auch in der Liebe zu uns selbst. Es ist wichtig, die eigene Stimme zu finden und zu erkennen, dass wir wertvoll sind, unabhängig von dem, was andere über uns denken. Diese Selbstliebe ist ein entscheidender Schritt auf dem Weg zur Heilung. Sie ermutigt uns, uns von den Auswirkungen des Mobbings zu lösen und unser Leben aktiv zu gestalten. Wenn wir lernen, uns selbst zu schätzen, wird es einfacher, uns von den negativen Einflüssen zu distanzieren und neue, positive Beziehungen aufzubauen.

In der Gemeinschaft finden wir oft die Kraft, die wir alleine nicht besitzen. Die Verbindung zu anderen, die ähnliche Erfahrungen gemacht haben, kann eine unschätzbare Quelle der Inspiration und Unterstützung sein. Gemeinsam können wir uns gegenseitig ermutigen, unsere Geschichten zu teilen und die Wunden der Vergangenheit zu heilen. Diese Solidarität schafft ein Netz der Sicherheit und des Vertrauens, das uns stärkt und uns hilft, den Glauben an eine positive Zukunft aufrechtzuerhalten. Jeder Schritt, den wir gemeinsam gehen, bringt uns näher zu einem Leben, das von Respekt und Liebe geprägt ist.

Der Weg zur Heilung ist nicht immer einfach, aber er ist möglich. Es erfordert Mut, sich den eigenen Ängsten zu stellen und die Vergangenheit hinter sich zu lassen. Doch mit jedem kleinen Fortschritt, den wir machen, wächst unsere Zuversicht. Wir lernen, dass die Herausforderungen, die uns begegnen, nicht das Ende sind, sondern Chancen für persönliches Wachstum und Entwicklung. In dieser Reise finden wir nicht nur Frieden mit dem, was war, sondern auch die Kraft, unsere Zukunft selbst zu gestalten und die Liebe in unserem Leben zuzulassen.

Die Hoffnung für die Zukunft ist also untrennbar mit der Liebe verbunden. Sie fordert uns auf, unsere Herzen zu öffnen und die Schönheit des Lebens zu umarmen, trotz der Narben, die Mobbing hinterlassen hat. Indem wir uns auf die positiven Aspekte konzentrieren und die Liebe als Leitprinzip in unser Leben integrieren, können wir eine Welt schaffen, in der Mobbing keinen Platz mehr hat. Lassen Sie uns gemeinsam die Hoffnung für die Zukunft nähren und die Liebe als unsere stärkste Waffe gegen die Schatten der Vergangenheit einsetzen.

Einladung zur Veränderung

In einer Welt, die oft von Negativität und Unsicherheit geprägt ist, bietet die Liebe einen strahlenden Lichtblick. Sie hat die Kraft, uns aus den tiefsten Abgründen zu ziehen und uns den Mut zu geben, Veränderungen in unserem Leben herbeizuführen. Diese Einladung zur Veränderung ist nicht nur für die Betroffenen von Mobbing gedacht, sondern richtet sich an alle, die sich nach einem neuen Weg sehnen, um ihre inneren Wunden zu heilen und ein erfülltes Leben zu führen. Indem wir uns der Liebe öffnen, können wir die Ketten der Vergangenheit abwerfen und einen Neuanfang wagen.

Die Liebe ist eine transformative Kraft, die uns ermutigt, uns selbst und andere zu akzeptieren. Sie lehrt uns, dass wir nicht allein sind und dass es immer

Hoffnung gibt, selbst in den dunkelsten Momenten. Wenn wir uns auf die Liebe konzentrieren, beginnen wir, die negativen Erfahrungen des Mobbings aus einer neuen Perspektive zu betrachten. Anstatt uns von der Angst und dem Schmerz leiten zu lassen, können wir die Lektionen und Stärken erkennen, die aus diesen Erfahrungen hervorgehen. Diese Wandlung eröffnet uns die Möglichkeit, uns selbst neu zu definieren und unser Leben aktiv zu gestalten.

Um diese Einladung zur Veränderung anzunehmen, müssen wir bereit sein, uns selbst zu reflektieren und unser inneres Selbst zu erforschen. Es erfordert Mut, die eigenen Wunden anzunehmen und sie nicht als Schwäche, sondern als Teil eines größeren Wachstumsprozesses zu sehen. In diesem Prozess der Selbstliebe erkennen wir, dass wir es wert sind, glücklich zu sein und dass wir die Kontrolle über unser eigenes Leben haben. Diese Erkenntnis ist der erste Schritt, um die Ketten des Mobbings zu sprengen und unser volles Potenzial zu entfalten.

Gemeinschaft spielt eine entscheidende Rolle in unserem Heilungsprozess. Wenn wir uns mit anderen verbinden, die ähnliche Erfahrungen gemacht haben oder uns unterstützen, entsteht ein Raum des

Vertrauens und der Heilung. In dieser Gemeinschaft können wir lernen, wie Liebe uns stärkt und uns hilft, unsere Ängste zu überwinden. Indem wir uns gegenseitig ermutigen und stärken, schaffen wir einen positiven Kreislauf, der uns auf unserem Weg zur Veränderung begleitet. Die Kraft der Gemeinschaft, genährt durch Liebe, kann Berge versetzen und unser Leben nachhaltig verändern.

Letztlich ist die Einladung zur Veränderung ein Aufruf an jeden von uns, die Macht der Liebe anzunehmen und aktiv in unser Leben zu integrieren. Es ist der erste Schritt in eine Zukunft, in der wir nicht länger Opfer unserer Umstände sind, sondern die Architekten unseres eigenen Schicksals. Wenn wir die Liebe in uns selbst und anderen erkennen und fördern, können wir nicht nur unsere eigenen Wunden heilen, sondern auch eine Welt schaffen, in der Mobbing und Schmerz keinen Platz mehr haben. Lassen Sie uns gemeinsam diesen Weg gehen und die Veränderung in unserem Leben und in der Gesellschaft herbeiführen.

Kapitel 30: Liebe, die heilt: Erfahrungen eines Überlebenden

Ein neuer Anfang - Der Schatten des Mobbings

Der Schatten des Mobbings kann sich wie ein dunkler Schleier über das Leben eines Menschen legen, der erst mit viel Mühe und Geduld gelüftet werden kann. In meiner eigenen Erfahrung habe ich hautnah miterlebt, wie Mobbing nicht nur das Selbstwertgefühl, sondern auch das Vertrauen in zwischenmenschliche Beziehungen zerstören kann. Diese emotionalen Wunden sind oft unsichtbar und bleiben lange nach dem tatsächlichen Vorfall bestehen. Mich persönlich führten sie zum Psychologen bzw. zum Psychiater mit Depressionen, welcher auch sehr unterstützend war. Ich kann nur sagen, nutzt auch diese Möglichkeiten und überwindet die normale Scheu vor diesem Schritt. Doch ich habe auch gelernt, dass die Liebe – sei es zu mir selbst oder die Unterstützung von geliebten Menschen – der Schlüssel ist, um diesen Schatten zu vertreiben und mein Leben zurückzugewinnen.

Die ersten Schritte auf dem Weg zur Heilung waren die schwierigsten. Jedes Mal, wenn ich in eine neue soziale

Situation trat, schien der Schatten des Mobbings mich zu verfolgen. Ich fühlte mich ständig beobachtet und bewertet, was mich in eine defensive Haltung drängte. Doch dann begann ich, die Liebe um mich herum wahrzunehmen. Freunde und Familie standen mir bei und erinnerten mich daran, dass ich mehr wert bin als die negativen Stimmen, die in meinem Kopf widerhallten. Diese Unterstützung war wie ein Lichtstrahl, der durch die Dunkelheit brach und mir half, mich selbst wieder zu finden.

Mit der Zeit erkannte ich, dass die Liebe in all ihren Formen eine unglaubliche Kraft hat. Sie kann verletztes Vertrauen wiederherstellen und uns helfen, die Narben der Vergangenheit zu akzeptieren. Ich begann, mich auf die positiven Beziehungen in meinem Leben zu konzentrieren und die Menschen um mich herum aktiver zu schätzen. Es war erstaunlich zu sehen, wie sich meine Perspektive änderte, als ich mich entschloss, die Liebe in meinem Leben zuzulassen und mich nicht länger von der Angst vor Ablehnung leiten zu lassen.

Diese Reise zur Selbstliebe war nicht immer einfach. Es gab Tage, an denen der Schatten des Mobbings zurückzukehren schien und ich an meinen Fortschritten zweifelte. Doch an diesen Tagen war die Kraft der Liebe besonders spürbar. Ich fand Trost in den kleinen Gesten der Zuneigung, in ehrlichen Gesprächen und in der Unterstützung, die mir entgegengebracht wurde. Diese Erfahrungen machten mir klar, dass ich nicht allein bin und dass es möglich ist, die Vergangenheit hinter sich zu lassen und mit Zuversicht in die Zukunft zu blicken.

Heute blicke ich mit Dankbarkeit auf diesen Teil meines Lebens zurück. Der Schatten des Mobbings hat mich zwar geprägt, aber er hat mich nicht besiegt. Stattdessen hat er mir die Augen geöffnet für die transformative Kraft der Liebe. Sie hat mir nicht nur geholfen, mich von den Wunden der Vergangenheit zu heilen, sondern auch ein erfülltes Leben zu führen, das ich mir immer gewünscht habe. Ich hoffe, dass meine Erfahrungen anderen Mut machen, die Schatten in ihrem eigenen Leben zu überwinden und die Liebe zu umarmen, die uns alle verbindet.

Die Suche nach Hoffnung

In den dunkelsten Momenten meines Lebens, als Mobbing und Isolation mich in ihren eisernen Griff nahmen, war es die Liebe, die wie ein Lichtstrahl in der

Nacht schien. Ich erinnere mich an die Tage, als jeder Schritt auf Arbeit wieder wie eine Herausforderung erschien. Die Gedanken an die verletzenden Worte und die abweisenden Blicke meines Vorgesetzten schienen mich zu erdrücken. Doch inmitten dieses emotionalen Chaos begann ich, kleine Funken der Hoffnung zu entdecken. Diese Funken waren oft das Ergebnis von liebevollen Begegnungen – sei es ein freundliches Lächeln eines Kollegen. Diese Momente öffneten mein Herz und gaben mir den Mut, weiterzukämpfen.

Die Liebe, die ich erfahren durfte, war nicht nur romantischer Natur. Es waren auch die Beziehungen zu Freunden und besonders meiner Familie, die mir halfen, die Dunkelheit zu durchbrechen. Besonders in Zeiten der Einsamkeit fand ich Trost in den kleinen Gesten des Mitgefühls, die Unterstützung meiner Familie und besonders meiner Frau, die stets an meiner Seite stand. Diese liebevollen Verbindungen stärkten mich und gaben mir das Gefühl, dass ich nicht allein war. Es war, als ob jeder Akt der Freundlichkeit ein Puzzlestück war, das mir half, das Bild meiner Hoffnung neu zu gestalten.

Als ich begann, meine negativen Erfahrungen zu reflektieren, erkannte ich, dass die Liebe mir nicht nur

Halt gab, sondern auch die Kraft, mich selbst zu lieben. Ich lernte, meine eigenen Stärken zu erkennen und zu schätzen. Diese Selbstliebe war ein entscheidender Schritt auf meiner Reise zur Heilung. Ich begann, mich von den negativen Gedanken zu befreien, die mir eingeredet worden waren, und fand Freude in den Dingen, die ich tat. Kunst, Musik und das Schreiben wurden zu meinen Ventilen, durch die ich meine Emotionen ausdrücken konnte. In diesen kreativen Momenten spürte ich, wie die Liebe zurückkehrte und mich ermutigte, meinen eigenen Weg zu finden.

Die Suche nach Hoffnung ist ein fortwährender Prozess, der nicht immer einfach ist. Es gibt Tage, an denen die Schatten der Vergangenheit zurückkehren wollen, und ich mich anstrengen muss, um die Liebe und das Licht in meinem Leben zu bewahren. Doch genau in diesen Momenten erinnere ich mich an all die Menschen, die mir gezeigt haben, was wahrhaftige Unterstützung bedeutet. Ihre Liebe ist wie ein unsichtbarer Faden, der mich mit ihnen verbindet und mich daran erinnert, dass ich stark genug bin, um jede Herausforderung zu meistern. Es ist dieser Glaube an die Liebe, der mich antreibt, weiterzumachen und die Hoffnung nie aufzugeben.

Heute stehe ich hier, nicht als Opfer, sondern als Überlebender, der die transformative Kraft der Liebe erfahren hat. Die Suche nach Hoffnung hat mich gelehrt, dass wir alle in der Lage sind, die Dunkelheit zu überwinden, solange wir bereit sind, die Hand der Liebe zu ergreifen. Jeder von uns hat die Fähigkeit, Licht in das Leben anderer zu bringen und gemeinsam eine Welt zu schaffen, in der Mobbing und Verletzung keinen Platz haben. Lassen Sie uns diese Hoffnung nähren und die Liebe verbreiten, denn sie hat die Kraft, nicht nur uns selbst, sondern auch die Welt um uns herum zu heilen.

Was ist wahre Liebe?

Wahre Liebe ist ein Konzept, das oft romantisch verklärt wird, doch in der Tiefe geht es um so viel mehr. Es ist eine Kraft, die uns verbindet, die uns stützt und die uns hilft, unsere innersten Wunden zu heilen. In meinem Leben, nach den schmerzlichen Erfahrungen von Mobbing, habe ich gelernt, dass wahre Liebe nicht nur in romantischen Beziehungen, sondern auch in Freundschaften, familiären Bindungen und sogar in der Selbstliebe zu finden ist. Diese Art von Liebe bringt

Licht in die dunkelsten Momente und zeigt uns, dass wir nicht allein sind.

Echte Liebe ist bedingungslos. Sie akzeptiert uns mit all unseren Fehlern und Schwächen. Nach dem Mobbing war es diese bedingungslose Liebe, die mir half, mein Selbstwertgefühl wieder aufzubauen. Freunde und Familie, die mir zeigten, dass ich wertvoll bin, unabhängig von dem, was andere über mich denken, waren entscheidend. Diese Unterstützung gab mir die Kraft, mich von den negativen Erfahrungen zu lösen und mich wieder selbst zu finden. Es war ein langer Weg, aber die Liebe, die ich von den Menschen um mich herum empfing, war ein wesentlicher Teil dieses Prozesses.

Darüber hinaus ist wahre Liebe eine Quelle der Inspiration. Sie motiviert uns, unser Bestes zu geben und über uns hinauszuwachsen. In Zeiten der Verzweiflung habe ich oft an die Liebe gedacht, die mir entgegengebracht wurde, und das hat mir geholfen, weiterzumachen. Diese Liebe war nicht nur ein Gefühl; sie war ein Antrieb, der mich dazu brachte, neue Ziele zu setzen und an mir zu arbeiten. Sie hat mir gezeigt, dass es Hoffnung gibt und dass das Leben nach schwierigen Zeiten wieder lebenswert werden kann.

Wahre Liebe erfordert auch Mut und Verletzlichkeit. Es heißt, sich zu öffnen und die Unsicherheiten des Lebens anzunehmen. In meinen Momenten der Angst und des Zweifels war es oft die Liebe, die mich dazu brachte, mich wieder zu öffnen. Ich musste lernen, dass es in Ordnung ist, Hilfe anzunehmen und meine Gefühle zu teilen. Durch diesen Prozess habe ich nicht nur andere mehr geschätzt, sondern auch eine tiefere Verbindung zu mir selbst aufgebaut. Diese Art der Verletzlichkeit hat mir geholfen, die Liebe besser zu verstehen und sie in all ihren Facetten zu erleben.

Zusammenfassend lässt sich sagen, dass wahre Liebe eine transformative Kraft ist, die uns in den dunkelsten Zeiten stützt und inspiriert. Sie hilft uns, unsere Wunden zu heilen, unser Selbstwertgefühl wieder aufzubauen und unser Leben mit Neuem und Positivem zu füllen. Die Erfahrungen, die ich gemacht habe, zeigen, dass Liebe nicht nur eine Emotion ist, sondern eine aktive Entscheidung, die unser Leben verändern kann. Indem wir uns der Liebe öffnen, entdecken wir die Kraft, die in uns und um uns herum liegt, und finden den Mut, unser Leben in die Hand zu nehmen.

Liebe als Heilmittel

Liebe ist ein kraftvolles Heilmittel, das in den dunkelsten Zeiten des Lebens Licht bringen kann. Nach den schmerzlichen Erfahrungen von Mobbing war es die Liebe, die mir half, wieder zu mir selbst zu finden. Diese Art von bedingungsloser Zuneigung, sei es von Freunden, Familie oder sogar von neuen Bekanntschaften, hat mir die Kraft gegeben, die Wunden, die ich erlitten hatte, zu heilen. Die Menschen um mich herum haben mir gezeigt, dass ich nicht allein bin und dass es immer Hoffnung gibt.

Die Wiederentdeckung der Liebe war für mich ein entscheidender Schritt auf meinem Weg zur Genesung. Zunächst war es eine Herausforderung, Vertrauen in andere Menschen zu fassen, nachdem ich so viel Schmerz erlebt hatte. Doch mit jedem liebevollen Wort, jeder Umarmung und jedem Lächeln, das ich erhielt, begann ich, die Mauern um mein Herz abzubauen. Diese kleinen Gesten der Zuneigung waren wie Balsam auf meiner Seele und halfen mir, die negativen Gedanken und Erinnerungen zu überwinden, die mich so lange gefangen gehalten hatten.

Eine besondere Erfahrung, die mir in Erinnerung geblieben ist, war die Unterstützung durch meine Freunde. Sie waren immer an meiner Seite, um mich aufzufangen, wenn ich fiel. Es waren ihre aufmunternden Worte und ihr unerschütterlicher Glaube an mich, die mir halfen, meine eigene Stärke zu erkennen. Sie lehrten mich, dass Liebe nicht nur eine Emotion ist, sondern auch eine Handlung. Diese Art von Unterstützung gab mir das Gefühl, wertgeschätzt und geliebt zu werden, was unermesslich zu meinem Heilungsprozess beitrug.

Auch die Selbstliebe spielte eine entscheidende Rolle in meiner Reise. Durch die liebevolle Unterstützung anderer begann ich, mich selbst neu zu entdecken und anzunehmen. Ich lernte, mir selbst Gutes zu tun, meine Bedürfnisse zu respektieren und mir die Zeit zu geben, die ich brauchte, um zu heilen. Diese innere Liebe war eine wichtige Ergänzung zur äußeren Liebe, die ich empfing. Sie half mir, meine Selbstachtung wieder aufzubauen und meine Identität neu zu definieren.

Die Liebe, die ich in dieser schwierigen Zeit erfahren habe, war mehr als nur ein Gefühl; sie war ein Lebenselixier. Sie gab mir die Energie, weiterzumachen, die Aussicht auf eine bessere Zukunft und das Wissen, dass ich nicht allein bin. Diese Erfahrungen haben mir gezeigt, dass Liebe tatsächlich heilen kann. Ich ermutige jeden, die Kraft der Liebe zu entdecken und zu nutzen, um Schmerzen zu überwinden und das volle Potenzial des Lebens zu entfalten. Die Reise mag herausfordernd sein, aber mit Liebe an unserer Seite ist alles möglich.

Unterstützung durch die Familie

Die Unterstützung durch die Familie spielt eine entscheidende Rolle in der Heilung nach traumatischen Erlebnissen wie Mobbing. In Zeiten der Dunkelheit sind es oft die engsten Angehörigen, die uns mit ihrer Liebe und ihrem Verständnis auffangen. Diese bedingungslose Unterstützung gibt uns den nötigen Rückhalt, um die Herausforderungen des Lebens zu meistern. Meine Familie war für mich ein strahlendes Licht, das mir den Weg zurück zu mir selbst zeigte. Ihre Zusprüche und Ermutigungen waren wie ein Balsam für meine verwundete Seele.

Jede Umarmung, jedes aufmunternde Wort und jede gemeinsame Aktivität halfen mir, das Gefühl der Isolation zu überwinden, das Mobbing in mir hinterlassen hatte. Ich erinnere mich an die vielen Abende, an denen wir zusammen gelacht haben, als wären all die Schmerzen und Ängste einfach verschwunden. Diese Momente der Verbundenheit gaben mir Kraft und das Gefühl, dass ich nicht allein bin. Die Familie vermittelte mir, dass ich wertvoll bin und dass niemand das Recht hat, mir mein Selbstwertgefühl zu nehmen.

Ein weiterer wichtiger Aspekt der familiären Unterstützung war die Möglichkeit, offen über meine Erfahrungen zu sprechen. Ich konnte meine Gedanken und Gefühle ohne Angst vor Verurteilung teilen. Diese ehrlichen Gespräche halfen mir, meine Emotionen zu verarbeiten und die Auswirkungen des Mobbings zu verstehen. Meine Familie hörte nicht nur zu, sondern bot auch Perspektiven und Ratschläge, die mich ermutigten, meine Sichtweise zu ändern und neue Wege zu finden, mit den Herausforderungen umzugehen.

Zusätzlich zur emotionalen Unterstützung half mir meine Familie auch dabei, aktiv zu werden. Gemeinsam suchten wir nach Lösungen, um die negativen Einflüsse in meinem Leben zu minimieren. Ob es darum ging, neue Hobbys zu entdecken oder soziale Kontakte zu pflegen, meine Familie war immer an meiner Seite. Diese gemeinsamen Unternehmungen stärkten nicht nur unsere Bindung, sondern ermöglichten es mir auch, mein Selbstvertrauen wieder aufzubauen und zu lernen, dass das Leben voller positiver Erfahrungen steckt.

Insgesamt war die Unterstützung durch meine Familie ein entscheidender Faktor auf meinem Weg der Heilung. Sie lehrte mich, was wahre Liebe bedeutet und wie wichtig es ist, in schwierigen Zeiten füreinander da zu sein. Ich bin unendlich dankbar für diese wertvolle Unterstützung, die mir half, die Schatten der Vergangenheit zu überwinden und mein Leben mit neuer Hoffnung und Freude zu füllen. Ihre Liebe hat mir gezeigt, dass Heilung nicht nur möglich ist, sondern auch durch die Kraft der Familie gefördert werden kann.

Die Reise zur inneren Stärke

Die Reise zur inneren Stärke beginnt oft in den dunkelsten Momenten unseres Lebens. Nach den schmerzhaften Erfahrungen des Mobbings fühlte ich mich zunächst verloren und verletzt. Doch in dieser Dunkelheit fand ich einen Funken der Hoffnung, der mich dazu antrieb, meine innere Stärke zu entdecken. Es war die Liebe, die mir half, diesen Funken zu nähren und ihn in ein loderndes Feuer zu verwandeln. Ich lernte, dass wahre Stärke nicht nur in der Abwehr von Angriffen liegt, sondern auch in der Fähigkeit, sich selbst zu lieben und zu akzeptieren.

Während meiner Reise begegnete ich vielen Herausforderungen, die mir schienen, als ob sie mich endgültig niederdrücken wollten. Doch anstatt aufzugeben, begann ich, die positiven Aspekte meiner Erfahrungen zu erkennen. Es war die Liebe meines Umfeldes – Freunde, Familie und auch unerwartete Unterstützer – die mir half, meine Wunden zu heilen. Diese Liebe gab mir die Kraft, mich meinen Ängsten zu stellen und entschlossen zu handeln. Ich realisierte, dass ich nicht alleine war und dass die Unterstützung anderer ein unverzichtbarer Teil meines Weges zur inneren Stärke war.

Ein weiterer wichtiger Schritt auf dieser Reise war die Selbstreflexion. Ich begann, mich mit meinen Gefühlen und Gedanken auseinanderzusetzen. Durch Tagebuchschreiben und Meditation fand ich Wege, meine Emotionen zu verarbeiten und die negativen Stimmen in meinem Kopf zum Schweigen zu bringen. Diese Selbstliebe war revolutionär. Ich lernte, mir selbst zu vergeben und die negativen Erlebnisse als Teil meiner Geschichte zu akzeptieren, anstatt sie als Defizit zu betrachten. Es war befreiend, zu erkennen, dass ich die Kontrolle über mein eigenes Leben zurückgewinnen konnte.

Die Kraft der Gemeinschaft spielte ebenfalls eine entscheidende Rolle in meiner Transformation. Ich suchte nach Gleichgesinnten, die ähnliche Erfahrungen gemacht hatten, und fand Trost in Gruppen und Workshops. Das Teilen unserer Geschichten und das gegenseitige Unterstützen stärkten nicht nur mein Selbstbewusstsein, sondern schuf auch ein Gefühl der Zugehörigkeit. In diesen Begegnungen entdeckte ich, dass die Liebe zwischen Menschen eine transformative Kraft hat. Sie kann uns helfen, über unsere Ängste hinauszuwachsen und unser volles Potenzial zu entfalten.

Heute blicke ich voller Dankbarkeit auf meine Reise zurück. Die innere Stärke, die ich gefunden habe, ist nicht nur das Ergebnis meiner eigenen Bemühungen, sondern auch das Produkt der Liebe, die ich empfangen habe. Diese Reise hat mich gelehrt, dass wir alle die Fähigkeit besitzen, aus Schmerz Stärke zu schöpfen. Indem wir uns selbst und anderen Liebe schenken, können wir nicht nur unsere eigenen Wunden heilen, sondern auch die Welt um uns herum positiv beeinflussen. Die Reise zur inneren Stärke ist also nicht nur eine persönliche, sondern auch eine kollektive Erfahrung, die uns alle verbindet.

Selbstliebe entwickeln

Selbstliebe zu entwickeln ist eine der kraftvollsten Reisen, die wir in unserem Leben antreten können. Nach den Herausforderungen, die Mobbing mit sich bringt, ist es entscheidend, sich selbst wieder in den Mittelpunkt zu stellen. Die Erfahrung, die ich gemacht habe, zeigt, dass Selbstliebe nicht nur eine Theorie ist, sondern eine lebendige Praxis, die uns dazu befähigt, unsere Wunden zu heilen und unser wahres Potenzial zu entfalten. Es ist die Zeit, in der wir uns selbst umarmen und uns für all die großartigen Eigenschaften anerkennen, die wir besitzen.

Der erste Schritt zur Selbstliebe besteht darin, sich selbst zu akzeptieren, so wie man ist. Oft neigen wir dazu, uns mit anderen zu vergleichen oder uns für unsere Fehler zu verurteilen. Doch wahre Selbstliebe beginnt mit der Annahme unserer Unvollkommenheiten. Ich erinnere mich, wie ich nach dem Mobbing begann, meine eigenen Stärken zu feiern. Jedes kleine Erfolgserlebnis, sei es das Erreichen eines Ziels oder das Überwinden von Ängsten, wurde ein Grund zur Freude. Diese kleinen Siege halfen mir, mich selbst zu schätzen und zu verstehen, dass ich wertvoll bin.

Ein weiterer wichtiger Aspekt der Selbstliebe ist die Pflege des inneren Dialogs. Oft sind wir unsere schlimmsten Kritiker und sprechen uns selbst gegenüber sehr hart. Indem ich begann, liebevoller mit mir umzugehen und positive Affirmationen in meinen Alltag zu integrieren, spürte ich eine enorme Veränderung. Es war, als würde ich einen neuen Freund in mir entdecken, der mich ermutigte und unterstützte. Dieser Prozess hat mir gezeigt, dass Selbstliebe nicht nur ein Gefühl ist, sondern eine aktive Entscheidung, die wir jeden Tag treffen müssen.

Darüber hinaus ist es wichtig, sich von negativen Einflüssen zu distanzieren, die unser Selbstwertgefühl untergraben. In meiner Reise zur Selbstliebe habe ich gelernt, wie wichtig es ist, gesunde Grenzen zu setzen. Beziehungen, die uns nicht guttun oder die uns weiterhin herabsetzen, müssen überdacht werden. Indem ich mich umgab mit Menschen, die mich unterstützen und ermutigen, konnte ich meine eigene Wertschätzung weiter festigen. Diese positiven Beziehungen waren wie ein Lichtstrahl, der mir half, mich aus der Dunkelheit des Mobbings zu befreien.

Schließlich ist die Selbstliebe eine kontinuierliche Praxis. Sie erfordert Geduld und Engagement, aber die Belohnungen sind unbezahlbar. Indem ich regelmäßig Zeit für mich selbst nehme, sei es durch Meditation, Kreativität oder einfach nur durch das Genießen von Ruhe, fühle ich mich gestärkt und geerdet. Selbstliebe ist kein Ziel, sondern eine Reise, die uns zu einem erfüllten und glücklichen Leben führt. Wenn wir uns selbst lieben, sind wir besser in der Lage, auch andere zu lieben und zu unterstützen. So wird die Liebe, die heilt, zu einer unendlichen Quelle des Lichtes in unserem Leben.

Positive Denkmuster

Positive Denkmuster sind der Schlüssel zu einem erfüllten Leben, besonders nach traumatischen Erlebnissen wie Mobbing. Es ist erstaunlich, wie sich unsere Gedanken und Einstellungen auf unsere Realität auswirken können. Wenn wir in der Lage sind, unsere Perspektive zu ändern und das Positive in unserem Leben zu sehen, können wir nicht nur unsere eigene Stimmung heben, sondern auch die Menschen um uns herum inspirieren. Diese positive Einstellung hilft uns, die Herausforderungen des Lebens besser zu bewältigen und unser inneres Gleichgewicht wiederherzustellen.

Nach den Erfahrungen, die ich durch Mobbing gemacht habe, war es nicht einfach, positive Denkmuster zu entwickeln. Es erforderte viel Arbeit und Geduld. Doch ich habe gelernt, dass es möglich ist, sich aus der Negativität zu befreien. Ich begann, jeden Tag kleine Schritte zu unternehmen, um meine Gedanken zu lenken. Journaling wurde zu einem kraftvollen Werkzeug für mich. Indem ich meine Gedanken aufschrieb, konnte ich Muster erkennen, die mich zurückhielten, und mich aktiv entscheiden, sie zu ändern.

Ein wichtiger Aspekt positiver Denkmuster ist die Dankbarkeit. Ich begann, mich täglich auf die Dinge zu konzentrieren, für die ich dankbar war. Diese einfache Praxis half mir, die kleinen Freuden des Lebens zu schätzen und die negativen Erlebnisse in den Hintergrund zu drängen. Es ist erstaunlich, wie sich die Wahrnehmung verändert, wenn wir uns bewusst auf das Positive konzentrieren. Die Dankbarkeit wurde zu einem Anker in meinem Leben und half mir, trotz der Herausforderungen, die ich erlebt hatte, einen klaren Kopf zu bewahren.

Die Unterstützung von geliebten Menschen spielte ebenfalls eine entscheidende Rolle in meinem Prozess. Liebe und Zuneigung können Wunder wirken. Indem ich meine Gedanken mit anderen teilte und mich öffnete, empfing ich nicht nur Trost, sondern auch wertvolle Perspektiven. Diese positiven Interaktionen halfen mir, die negativen Gedanken, die nach dem Mobbing in meinem Kopf kreisten, zu überwinden und neue, gesunde Denkmuster zu entwickeln. Es ist unglaublich, wie viel Kraft in einer unterstützenden Gemeinschaft liegt.

Heute kann ich mit Zuversicht sagen, dass positive Denkmuster mein Leben verändert haben. Sie haben mir nicht nur geholfen, die Schatten der Vergangenheit hinter mir zu lassen, sondern auch, eine neue Zukunft voller Hoffnung und Freude zu gestalten. Ich lade jeden ein, diesen Weg zu gehen. Es erfordert Mut und Entschlossenheit, aber die Belohnungen sind unbezahlbar. Liebe, die heilt, beginnt mit der Fähigkeit, positiv zu denken und die Schönheit in jedem neuen Tag zu erkennen.

Praktische Übungen zur Heilung

Die Reise zur Heilung nach Mobbing ist oft lang und herausfordernd, aber sie kann auch voller Hoffnung und positiver Veränderungen sein. Eine der wertvollsten Methoden, um den Heilungsprozess zu unterstützen, sind praktische Übungen, die uns helfen, unsere Emotionen zu verarbeiten und unser Selbstbewusstsein zu stärken. Diese Übungen sind nicht nur Werkzeuge, sondern auch Ausdruck der Liebe zu uns selbst, die wir wiederentdecken müssen. Ich möchte einige dieser Übungen mit Ihnen teilen, die mir geholfen haben, mein Leben nach Mobbing neu zu gestalten.

Eine der effektivsten Übungen ist das Führen eines Dankbarkeitstagebuchs. Jeden Abend setze ich mich hin und notiere drei Dinge, für die ich dankbar bin. Diese kleinen Momente der Freude – sei es ein Lächeln eines Freundes, ein gutes Buch oder einfach ein schöner Sonnenuntergang – helfen mir, den Fokus von negativen Erfahrungen abzulenken und die positiven Aspekte meines Lebens zu erkennen. Dadurch entsteht eine neue Perspektive, die uns lehrt, das Gute in jeder Situation zu sehen. Diese Übung hat mir nicht nur geholfen, meine Gedanken zu ordnen, sondern auch meine Wertschätzung für die kleinen Freuden des Lebens zu fördern.

Eine weitere wichtige Übung ist die Visualisierung. Nehmen Sie sich täglich ein paar Minuten Zeit, um sich einen Ort vorzustellen, der für Sie Frieden und Sicherheit symbolisiert. Das kann ein Strand, ein Wald oder sogar Ihr Lieblingsplatz zu Hause sein. Stellen Sie sich vor, wie Sie dort sind, hören Sie die Geräusche, riechen Sie die Luft und fühlen Sie die Entspannung, die dieser Ort Ihnen bringt. Diese Technik hilft nicht nur, Stress abzubauen, sondern gibt uns auch die Möglichkeit, uns mental von den negativen Erfahrungen des Mobbings zu distanzieren und einen Raum der Heilung zu schaffen.

Zusätzlich empfehle ich, regelmäßig Bewegung in Ihren Alltag zu integrieren. Ob ein Spaziergang in der Natur, Yoga oder Tanzen – körperliche Aktivität fördert die Ausschüttung von Endorphinen, die unser Wohlbefinden steigern. Wenn wir uns bewegen, setzen wir Energien frei, die uns helfen, unsere Emotionen zu verarbeiten und den Kopf freizubekommen. Ich habe persönlich erlebt, wie regelmäßige Bewegung nicht nur meine Stimmung verbessert hat, sondern auch mein Selbstbewusstsein gestärkt hat. Es ist eine wunderbare Möglichkeit, Liebe für unseren eigenen Körper zu entwickeln und uns selbst zu schätzen.

Abschließend ist es wichtig, sich in einem unterstützenden Umfeld zu bewegen. Suchen Sie sich Menschen, die Sie verstehen und unterstützen. Teilen Sie Ihre Erfahrungen und Gefühle mit Freunden oder in Selbsthilfegruppen. Diese Verbindungen sind essenziell für die Heilung. Der Austausch mit anderen, die ähnliche Erfahrungen gemacht haben, kann eine immense Erleichterung bringen. Ich habe gelernt, dass Liebe in all ihren Formen – sei es durch Freundschaft, Familie oder Gemeinschaft – eine kraftvolle Heilkraft hat. Wenn wir uns von Menschen umgeben, die uns schätzen und unterstützen, können wir gemeinsam wachsen und die Narben der Vergangenheit heilen.

Verbundenheit erfahren

Verbundenheit erfahren bedeutet für mich, die Kraft der Liebe und Unterstützung in den dunkelsten Zeiten des Lebens zu spüren. Nach den schmerzhaften Erfahrungen von Mobbing fühlte ich mich oft isoliert und verloren. Die Verbindungen, die ich zu Menschen aufbauen konnte, waren entscheidend für meinen Heilungsprozess. Es war nicht nur die Liebe von Freunden und Familie, sondern auch das Verständnis und die Empathie, die mir halfen, die Wunden meiner Vergangenheit zu heilen. Diese Verbundenheit gab mir den Mut, wieder an mich selbst zu glauben und mein Leben aktiv zu gestalten.

In dieser Phase meines Lebens lernte ich, dass Verbundenheit nicht nur in großen Gesten zu finden ist. Oft waren es die kleinen Dinge, die einen tiefen Eindruck hinterließen: ein aufmunterndes Wort, ein ehrliches Lächeln oder einfach nur die Präsenz eines geliebten Menschen. Diese alltäglichen Momente waren wie Lichtstrahlen, die durch die Dunkelheit schimmerten, und sie erinnerten mich daran, dass ich nicht allein war. Die Kraft dieser Verbindungen half mir, mein Selbstwertgefühl wieder aufzubauen und mich meinem Schmerz zu stellen.

Ein weiterer wichtiger Aspekt der Verbundenheit ist die Fähigkeit, Verletzlichkeit zu zeigen. Es war eine große Herausforderung für mich, meine Gefühle und Ängste offen zu teilen, doch ich stellte fest, dass dies der Schlüssel zur echten Verbindung war. Als ich begann, über meine Erfahrungen zu sprechen, traf ich auf Menschen, die ähnliche Kämpfe durchlebt hatten. Diese geteilten Geschichten schufen eine starke Gemeinschaft, in der wir uns gegenseitig unterstützen und stärken konnten. Es war unglaublich zu sehen, wie Liebe und Verständnis Brücken schlagen können, die uns miteinander verbinden.

Die Liebe, die ich während meiner Heilungsreise erfahren habe, war nicht immer romantischer Natur. Oft zeigte sie sich in der Freundschaft, in der Unterstützung von Gleichgesinnten und in der Bereitschaft, füreinander da zu sein. Diese Art von Liebe hat mich gelehrt, dass Verbundenheit in vielen Formen existiert und jede Form von Liebe den gleichen Wert hat. Durch diese vielfältigen Beziehungen habe ich gelernt, die Schönheit des Lebens wieder zu schätzen und die Hoffnung auf eine bessere Zukunft zu pflegen.

Heute blicke ich auf meine Reise zurück und erkenne, wie wichtig es ist, Verbundenheit zu erfahren. Sie ist ein unverzichtbarer Bestandteil unserer Heilung und unseres Wachstums. Die Liebe, die ich erhalten habe, hat mir nicht nur geholfen, die Narben der Vergangenheit zu akzeptieren, sondern sie hat mir auch die Kraft gegeben, in die Zukunft zu blicken. Ich lade jeden ein, diese Verbundenheit zu suchen und zu feiern, denn sie ist der Schlüssel zu einem erfüllten und glücklichen Leben.

Unterstützung in schwierigen Zeiten

In den dunkelsten Momenten meines Lebens, als ich von Mobbing betroffen war, fühlte es sich oft so an, als ob ich in einem tiefen, endlosen Loch gefangen wäre. Die Welt um mich herum schien grau und trist, und ich hatte das Gefühl, dass niemand meine Schmerzen verstand. Doch genau in diesen schweren Zeiten entdeckte ich die Kraft der Liebe und der Unterstützung. Es waren nicht nur die Worte, die mir Trost spendeten, sondern auch die Taten der Menschen um mich herum, die mir halfen, diesen Kampf zu überstehen.

Die ersten Schritte zur Heilung begannen mit der Erkenntnis, dass ich nicht allein war. Freunde und Familie, die mir in diesen dunklen Zeiten zur Seite standen, waren wie ein Lichtstrahl in der Dunkelheit. Ihre bedingungslose Unterstützung gab mir den Mut, wieder zu mir selbst zu finden. Die kleinen Gesten der Freundschaft, sei es ein einfaches „Wie geht es dir?" oder ein gemeinsamer Spaziergang, halfen mir, mich wieder mit der Welt zu verbinden und die Hoffnung auf eine bessere Zukunft zu schöpfen.

Liebe, in ihrer vielfältigen Form, wurde zu meinem stärksten Verbündeten. Es war nicht nur die romantische Liebe, die mir half, sondern auch die Liebe zu mir selbst, die ich langsam wiederentdeckte. Ich begann, mich selbst zu akzeptieren und die negativen Stimmen, die mich quälten, zum Schweigen zu bringen. Diese innere Liebe gab mir die Kraft, mich von den Fesseln des Mobbings zu befreien und mein Leben in die eigene Hand zu nehmen. Es war ein langer Prozess, aber jede kleine Errungenschaft wurde durch die Unterstützung meiner Lieben gefeiert.

Eine der wertvollsten Lektionen, die ich in dieser Zeit lernte, war, dass es in Ordnung ist, um Hilfe zu bitten. Die Menschen um mich herum waren bereit, zuzuhören und zu helfen, wenn ich es brauchte. Es war eine befreiende Erfahrung, meine Verletzlichkeit zu zeigen und die Unterstützung anzunehmen, die mir angeboten wurde. Diese Offenheit führte nicht nur zu tieferen Verbindungen mit meinen Freunden und meiner Familie, sondern half mir auch, ein starkes Unterstützungsnetzwerk aufzubauen, auf das ich in Zukunft zurückgreifen konnte.

Heute blicke ich auf diese schwierigen Zeiten zurück und erkenne, wie wichtig die Unterstützung von geliebten Menschen war. Sie waren die Säulen, die mich gestützt haben, als ich am Boden lag. Die Liebe, die ich empfing, half mir, die Schatten der Vergangenheit zu überwinden und mein Leben neu zu gestalten. Ich habe gelernt, dass wir alle in schwierigen Zeiten Unterstützung brauchen und dass es die Liebe ist, die uns letztlich heilt.

Wie Liebe uns stark macht

In Zeiten der Dunkelheit, wie sie Mobbing mit sich bringen kann, ist es oft die Liebe, die uns den Weg zurück ins Licht zeigt. Als ich in der tiefsten Phase meines Lebens war, als ich mich verloren fühlte und von den ständigen Angriffen meiner Peiniger erdrückt wurde, war es die Liebe meiner Familie und Freunde, die mir half, wieder auf die Beine zu kommen. Ihre bedingungslose Unterstützung gab mir das Gefühl, dass ich nicht allein war und dass es Menschen gab, die an mich glaubten. Diese Liebe war wie ein Lichtstrahl, der selbst die dunkelsten Tage erhellte.

Die Kraft der Liebe lässt sich nicht nur in Worten, sondern auch in Taten erkennen. Erinnern Sie sich an die kleinen Gesten, die einen großen Unterschied machen können? Ein einfaches Lächeln, eine Umarmung oder ein aufmunterndes Wort können wie Balsam auf eine verletzte Seele wirken. In meiner eigenen Erfahrung erlebte ich, wie diese kleinen Taten mir halfen, das Vertrauen in mich selbst wiederzufinden. Jedes Mal, wenn ich spürte, dass jemand tatsächlich für mich da war, wurde mein Herz ein Stück leichter und meine Ängste schmolzen dahin.

Ein weiterer Aspekt, der zeigt, wie Liebe uns stark macht, ist die Fähigkeit, unsere Perspektive zu verändern. Wenn wir geliebt werden, sind wir eher bereit, das Gute in uns selbst zu erkennen. Nach den schmerzhaften Erfahrungen des Mobbings begann ich, die positiven Seiten an mir zu schätzen, die ich zuvor ignoriert hatte. Die Liebe, die ich empfing, ermutigte mich, meine Stärken zu erkennen und meine Schwächen zu akzeptieren. Dadurch konnte ich mich nicht nur von den Narben der Vergangenheit befreien, sondern auch eine neue, stärkere Version meiner selbst erschaffen.

Zudem lehrte mich die Liebe, wie wichtig es ist, sich selbst zu lieben. Diese Reise zur Selbstliebe war nicht immer einfach, aber sie war entscheidend für meine Heilung. Die Unterstützung, die ich von meinen Liebsten erhielt, half mir, die negative Stimme in meinem Kopf zu besänftigen, die mir einredete, ich sei nicht genug. Indem ich mich von der Liebe umgeben fühlte, begann ich, mir selbst mit Mitgefühl und Verständnis zu begegnen. Diese neue innere Haltung gab mir die Kraft, mich den Herausforderungen des Lebens zu stellen und sie zu überwinden.

Schließlich ist die Liebe nicht nur ein Gefühl, sondern eine transformative Kraft, die uns helfen kann, unser Leben komplett zu verändern. Sie gibt uns den Mut, uns unseren Ängsten zu stellen und die Vergangenheit hinter uns zu lassen. Durch die Erlebnisse des Mobbings wurde mir klar, dass die Liebe, die ich erhielt und auch die, die ich gab, die Grundlage für meine Wiedergeburt war. Diese Erkenntnis ist eine der wertvollsten Lektionen, die ich aus meiner Reise gezogen habe: Liebe ist der Schlüssel zu unserer Stärke und Heilung, und sie kann uns helfen, selbst die größten Widrigkeiten zu überwinden.

Kapitel 31: Hoffnung auf eine liebevollere Gesellschaft

Liebe in einer digitalen Welt

In einer Zeit, in der das Digitale immer mehr in unser Leben eindringt, verändert sich auch die Art und Weise, wie wir Liebe empfinden und ausdrücken. Die Möglichkeiten, über soziale Medien, Messaging-Apps und Online-Dating-Plattformen mit anderen in Kontakt zu treten, sind schier unbegrenzt. Diese neuen Wege bieten nicht nur Chancen, sondern auch Herausforderungen. Dennoch finde ich es faszinierend, wie Menschen trotz physischer Distanz tiefere Verbindungen aufbauen können. Es ist, als ob die Technologie uns die Werkzeuge an die Hand gibt, um unsere Herzen auf neue, kreative Weisen zu öffnen.

Die sozialen Medien spielen eine entscheidende Rolle in der modernen Liebeskultur. Sie ermöglichen es uns, Einblicke in das Leben anderer zu gewinnen und unsere eigenen Gedanken und Gefühle mit der Welt zu teilen. Ein einfaches „Gefällt mir" oder ein Kommentar kann eine Welle der Unterstützung und Zuneigung auslösen. Ich habe selbst erlebt, wie das Teilen von persönlichen Momenten auf Instagram oder Facebook nicht nur meine Bindungen zu Freunden und Familie stärkt, sondern auch neue Bekanntschaften fördert. Es ist ein wunderbarer Weg, Liebe und Wertschätzung auszudrücken, der in der physischen Welt oft nicht so leicht möglich ist.

Doch während wir die Vorzüge der digitalen Verbindung genießen, sollten wir auch die Herausforderungen im Auge behalten. Missverständnisse und Fehlinterpretationen können leicht entstehen, wenn Emotionen durch Bildschirme vermittelt werden. Es ist wichtig, achtsam zu sein und den richtigen Ton zu treffen, um echte Nähe zu erzeugen. Hierbei ist Empathie gefragt. Ich habe gelernt, dass es entscheidend ist, sich die Zeit zu nehmen, um die Worte und Emotionen anderer wirklich zu verstehen, anstatt vorschnell zu urteilen. So können wir die digitale Welt nutzen, um echten, tiefen Kontakt zu fördern.

In meiner eigenen Reise habe ich kreative Wege gefunden, um Liebe digital auszudrücken. Von handgeschriebenen Briefen, die ich abfotografiere und per E-Mail verschicke, bis hin zu Videoanrufen, bei denen ich meinen Freunden kleine Überraschungen präsentiere – es gibt unzählige Möglichkeiten, Liebe zu zeigen. Auch die Verwendung von Emojis und GIFs kann helfen, Gefühle auf eine spielerische Art und Weise zu transportieren. Diese kleinen Gesten machen den Unterschied und bringen ein Lächeln auf die Gesichter der Menschen, die mir am Herzen liegen. Es ist ein Ausdruck von Zuneigung, der in der digitalen Welt besonders gut zur Geltung kommt.

Die digitale Welt ist also ein spannendes Terrain, auf dem wir unsere Liebe auf innovative Weise geben und empfangen können. Es erfordert zwar ein wenig Anpassung und Kreativität, doch die Belohnungen sind unbezahlbar. Indem wir die Chancen, die uns die Technologie bietet, nutzen und gleichzeitig die Herausforderungen mit Achtsamkeit und Empathie angehen, können wir tiefere und bedeutungsvollere Beziehungen aufbauen. Lasst uns diese neue Art der

Liebe feiern und die digitalen Möglichkeiten als einen wertvollen Teil unserer emotionalen Reise anerkennen!

Visionen für eine liebevollere Gesellschaft

In einer Welt, die oft von Hektik und Stress geprägt ist, sehnen sich Menschen nach einer liebevolleren Gesellschaft. Diese Vision kann jedoch nur verwirklicht werden, wenn wir bereit sind, unseren eigenen Beitrag zu leisten. Liebe ist nicht nur ein Gefühl, sondern eine aktive Entscheidung, die wir täglich treffen können. Indem wir kleine Gesten der Freundlichkeit und Wertschätzung in unseren Alltag integrieren, können wir eine Welle der positiven Veränderung auslösen. Jeder von uns hat die Fähigkeit, diese Welle zu entfachen und damit die Welt um sich herum zu erhellen.

Die Vorstellung einer liebevolleren Gesellschaft beginnt mit der Selbstliebe. Wenn wir uns selbst annehmen und wertschätzen, sind wir in der Lage, dieselbe Liebe auch anderen zu schenken. Es ist wichtig, sich selbst als wertvoll und liebenswert zu betrachten. Wenn wir uns selbst mit Freundlichkeit und Mitgefühl begegnen, strahlen wir diese Energie auch auf unser Umfeld aus. Ein einfaches Lächeln, ein ehrliches Kompliment oder eine liebevolle Umarmung können Wunder wirken und die Menschen um uns herum inspirieren, ebenfalls liebevoller zu sein.

Kreative Wege, Liebe auszudrücken, spielen eine entscheidende Rolle in unserer Vision. Kunst, Musik und Schreiben sind wunderbare Mittel, um unsere Gefühle zu teilen und eine tiefere Verbindung zu anderen herzustellen. Indem wir unsere Kreativität nutzen, können wir Botschaften der Liebe verbreiten und ein Gefühl der Gemeinschaft schaffen. Workshops, in denen Menschen ihre kreativen Talente entfalten, können nicht nur zur Selbstentfaltung beitragen, sondern auch dazu, dass wir gemeinsam eine unterstützende und liebevolle Atmosphäre schaffen.

Eine liebevolle Gesellschaft bedeutet auch, dass wir in schwierigen Zeiten füreinander da sind. Solidarität und Empathie sind die Säulen, auf denen unsere Vision steht. Wenn wir uns in die Lage anderer versetzen und ihre Bedürfnisse erkennen, können wir echte Unterstützung bieten. Dies kann durch einfache Handlungen geschehen, wie Nachbarn zu helfen oder in der Gemeinschaft aktiv zu sein. Jede kleine Geste zählt und summiert sich zu einer größeren Bewegung, die die Herzen der Menschen miteinander verbindet.

Letztendlich liegt es an uns, diese Vision Wirklichkeit werden zu lassen. Jeder von uns hat die Kraft, durch Liebe und Mitgefühl einen Unterschied zu machen. Indem wir die Prinzipien der Liebe in den Mittelpunkt unseres Handelns stellen, können wir eine Gesellschaft schaffen, die von Verständnis, Unterstützung und Freude geprägt ist. Lassen Sie uns gemeinsam an dieser Vision arbeiten und die Welt zu einem liebevolleren Ort machen, in dem Liebe gegeben und empfangen wird, und in dem jeder Einzelne zählt.